Anaconda

Sección: Literatura

Horacio Quiroga:

Anaconda

Editorial Losada
Buenos Aires

El Libro de Bolsillo
Alianza Editorial
Madrid

Calle Milán, 38; ☎ 200 00 45
ISBN: 84-206-1826-8
Depósito legal: M. 14.664 - 1981
Compuesto en Fernández Ciudad, S. L.
Impreso en Closas-Orcoyen, S. L. Polígono IGARSA
Paracuellos del Jarama (Madrid)
Printed in Spain

Anaconda

I

Eran las diez de la noche y hacía un calor sofocante. El tiempo cargado pesaba sobre la selva, sin un soplo de viento. El cielo de carbón se entreabría de vez en cuando en sordos relámpagos de un extremo a otro del horizonte; pero el chubasco silbante del sur estaba aún lejos.

Por un sendero de vacas en pleno espartillo blanco, avanzaba Lanceolada, con la lentitud genérica de las víboras. Era una hermosísima yarará, de un metro cincuenta, con los negros ángulos de su flanco bien cortados en sierra, escama por escama. Avanzaba tanteando la seguridad del terreno con la lengua, que en los ofidios reemplaza perfectamente a los dedos.

Iba de caza. Al llegar a un cruce de senderos se detuvo, se arrolló prolijamente sobre sí misma, removióse aún un momento acomodándose y después de bajar la cabeza al nivel de sus anillos, asentó la mandíbula inferior y esperó inmóvil.

Minuto tras minuto esperó cinco horas. Al cabo de este tiempo continuaba en igual inmovilidad. ¡Mala noche! Comenzaba a romper el día e iba a retirarse, cuando cambió de idea. Sobre el cielo lívido del este se recortaba una inmensa sombra.

—Quisiera pasar cerca de la Casa —se dijo la yarará—. Hace días que siento ruido, y es menester estar alerta...

Y marchó prudentemente hacia la sombra.

La casa a que hacía referencia Lanceolada era un viejo edificio de tablas rodeado de corredores y todo blanqueado. En torno se levantaban dos o tres galpones. Desde tiempo inmemorial el edificio había estado deshabitado. Ahora se sentían ruidos insólitos, golpes de fierros, relinchos de caballo, conjunto de cosas en que trascendía a la legua la presencia del Hombre. Mal asunto...

Pero era preciso asegurarse, y Lanceolada lo hizo mucho más pronto de lo que hubiera querido.

Un inequívoco ruido de puerta abierta llegó a sus oídos. La víbora irguió la cabeza, y mientras notaba que una rubia claridad en el horizonte anunciaba la aurora vio una angosta sombra, alta y robusta, que avanzaba hacia ella. Oyó también el ruido de las pisadas —el golpe seguro, pleno, enormemente distanciado que denunciaba también a la legua al enemigo.

—¡El Hombre! —murmuró Lanceolada. Y rápida como el rayo se arrolló en guardia.

La sombra estuvo sobre ella. Un enorme pie cayó a su lado, y la yarará, con toda la violencia de un ataque al que jugaba la vida, lanzó la cabeza contra aquello y la recogió a la posición anterior.

El hombre se detuvo: había creído sentir un golpe en las botas. Miró el yuyo a su alrededor sin mover los pies de su lugar; pero nada vio en la oscuridad apenas rota por el vago día naciente, y siguió adelante.

Pero Lanceolada vio que la Casa comenzaba a vivir, esta vez real y efectivamente con la vida del Hombre. La yarará emprendió la retirada a su cubil llevando consigo la seguridad de que aquel acto nocturno no era sino el prólogo del gran drama a desarrollarse en breve.

II

Al día siguiente la primera preocupación de Lanceolada fue el peligro que con la llegada del Hombre se cernía sobre la Familia entera. Hombre y Devastación son sinónimos desde el tiempo inmemorial en el Pueblo entero de los Animales. Para las Víboras en particular, el desastre se personificaba en dos horrores: el machete escudriñando, revolviendo el vientre mismo de la selva, y el fuego aniquilando el bosque en seguida, y con él los recónditos cubiles.

Tornábase, pues, urgente, prevenir aquello. Lanceolada esperó la nueva noche para ponerse en campaña. Sin gran trabajo halló a dos compañeras, que lanzaron la voz de alarma. Ella, por su parte, recorrió hasta las doce los lugares más indicados para un feliz encuentro, con suerte tal que a las dos de la mañana el Congreso se hallaba, si no en pleno, por lo menos con mayoría de especies para decidir qué se haría.

En la base de un murallón de piedra viva, de cinco metros de altura, y en pleno bosque, desde luego, existía una caverna disimulada por los helechos que obstruían casi la entrada. Servía de guarida desde mucho tiempo atrás a Terrífica, una serpiente de cascabel, vieja entre las viejas, cuya cola contaba treinta y dos cascabeles. Su largo no pasaba de un metro cuarenta, pero en cambio su grueso alcanzaba al de una botella. Magnífico ejemplar, cruzada de rombos amarillos; vigorosa, tenaz, capaz de quedar siete horas en el mismo lugar frente al enemigo, pronta a enderezar los colmillos con canal interno que son, como se sabe, si no los más grandes, los más admirablemente constituidos de todas las serpientes venenosas.

Fue allí, en consecuencia, donde, ante la inminencia del peligro y presidido por la víbora de cascabel, se reunió el Congreso de las Víboras. Estaban allí fuera de Lanceolada y Terrífica, las demás yararás del país: la pequeña Coatiarita, benjamín de la Familia, con la línea rojiza de sus costados bien visibles y su cabeza particularmente afilada. Estaba allí, negligentemente tendida como si se tratara de todo menos de hacer admirar las curvas blancas y café de su lomo sobre largas bandas salmón, la esbelta Neuwied, dechado de belleza, y que había guardado para sí el nombre del naturalista que determinó su especie. Estaba Cruzada —que en el sur llaman víbora de la cruz—, potente y audaz rival de Neuwied en punto a belleza de dibujo. Estaba Atroz, de nombre suficientemente fatídico; y por último, Urutú Dorado, la yararacusú, disimulando discretamente en el fondo de la caverna sus ciento setenta centímetros de terciopelo negro cruzado oblicuamente por bandas de oro.

Es de notar que las especies del formidable género Lachesis, o yararás, a que pertenecían todas las congresales menos Terrífica, sostienen una vieja rivalidad por la belleza del dibujo y el color. Pocos seres, en efecto, tan bien dotados como ellas.

Según las leyes de las víboras, ninguna especie poco abundante y sin dominio real en el país puede presidir las asambleas del Imperio. Por esto Urutú Dorado, magnífico animal de muerte, pero cuya especie es más bien rara, no pretendía este honor, cediéndolo de buen grado a la víbora de cascabel, más débil, pero que abunda milagrosamente.

El Congreso estaba, pues, en mayoría, y Terrífica abrió la sesión.

—¡Compañeras! —dijo—. Hemos sido todas enteradas por Lanceolada de la presencia nefasta del Hombre. Creo interpretar el anhelo de todas nosotras, al tratar de salvar nuestro Imperio de la invasión enemiga. Sólo un medio cabe, pues la experiencia nos dice que el abandono del terreno no remedia nada. Este medio, ustedes lo saben bien, es la guerra al Hombre, sin tregua ni cuartel, desde esta noche misma, a la cual cada especie aportará sus virtudes. Me halaga en esta circunstancia olvidar mi especificación humana: No soy ahora una serpiente de cascabel: soy una yarará, como ustedes. Las yararás, que tienen a la Muerte por negro pabellón. ¡Nosotras somos la Muerte, compañeras! Y entre tanto, que alguna de las presentes proponga un plan de campaña.

Nadie ignora, por lo menos en el Imperio de las Víboras, que todo lo que Terrífica tiene de largo en sus colmillos, lo tiene de corto en su inteligencia. Ella lo sabe también, y aunque incapaz por lo tanto de idear plan alguno, posee, a fuer de vieja reina, el suficiente tacto para callarse.

Entonces Cruzada, desperezándose, dijo:

—Soy de la opinión de Terrífica, y considero que mientras no tengamos un plan, nada podemos ni debemos hacer. Lo que lamento es la falta en este Congreso de nuestras primas sin veneno: las Culebras.

Se hizo un largo silencio. Evidentemente, la proposición no halagaba a las víboras. Cruzada se sonrió de un modo vago y continuó:

—Lamento lo que pasa... Pero quisiera solamente recordar esto: si entre todas nosotras pretendiéramos vencer a una culebra, no lo conseguiríamos. Nada más quiero decir.

—Si es por su resistencia al veneno —objetó perezosamente Urutú Dorado, desde el fondo del antro—, creo que yo sola me encargaría de desengañarlas...

—No se trata de veneno —replicó desdeñosamente Cruzada—. Yo también me bastaría... —agregó con una mirada de reojo a la yararacusú—. Se trata de su fuerza, de su destreza, de su nerviosidad, como quiera llamársele. Cualidades de lucha que nadie pretenderá negar a nuestras primas. Insisto en que en una campaña como la que queremos emprender las serpientes nos serán de gran utilidad; más: de imprescindible necesidad.

Pero la proposición desagradaba siempre.

—¿Por qué las culebras? —exclamó Atroz—. Son despreciables.

—Tienen ojos de pescado —agregó la presuntuosa Coatiarita.

—¡Me dan asco! —protestó desdeñosamente Lanceolada.

—Tal vez sea otra cosa la que te dan... —murmuró Cruzada mirándola de reojo.

—¿A mí? —silbó Lanceolada, irguiéndose—. ¡Te advierto que haces mala figura aquí, defendiendo a esos gusanos corredores!

—Si te oyen las Cazadoras... —murmuró irónicamente Cruzada.

Pero al oír este nombre, *Cazadoras,* la asamblea entera se agitó.

—¡No hay para qué decir eso! —gritaron—. ¡Ellas son culebras, y nada más!

—¡Ellas se llaman a sí mismas las Cazadoras! —replicó secamente Cruzada—. Y estamos en Congreso.

También desde tiempo inmemorial es fama entre las víboras la rivalidad particular de las dos yararás: Lanceolada, hija del extremo norte, y Cruzada, cuyo habitat se extiende más al sur. Cuestión de coquetería en punto a belleza —según las culebras.

—¡Vamos, vamos! —intervino Terrífica—. Que Cruzada explique para qué quiere la ayuda de las culebras, siendo así que no representan la Muerte como nosotras.

—¡Para esto! —replicó Cruzada ya en calma—. Es indispensable saber qué hace el Hombre en la casa; y para ello se precisa ir hasta allá, a la casa misma. Ahora bien, la empresa no es fácil, porque si el pabellón de nuestra especie es la Muerte, el pabellón del Hombre es también la Muerte —¡y bastante más rápida que la nuestra! Las serpientes nos aventajan inmensamente en agilidad. Cualquiera de nosotras iría y vería. Pero ¿volvería? Nadie mejor para esto que la Ñacaniná. Estas exploraciones forman parte de sus hábitos diarios, y podría, trepada al techo, ver, oír, y regresar a informarnos antes de que sea de día.

La proposición era tan razonable que esta vez la asamblea entera asintió, aunque con un resto de desagrado.

—¿Quién va a buscarla? —preguntaron varias voces.

Cruzada desprendió la cola de un tronco y se deslizó afuera.

—¡Voy yo! —dijo—. En seguida vuelvo.

—¡Eso es! —le lanzó Lanceolada de atrás—. ¡Tú que eres su protectora la hallarás en seguida!

Cruzada tuvo aún tiempo de volver la cabeza hacia ella, y le sacó la lengua —reto a largo plazo.

III

Cruzada halló a la Ñacaniná cuando ésta trepaba a un árbol.

—¡Eh, Ñacaniná! —llamó con un leve silbido.

La Ñacaniná oyó su nombre; pero se abstuvo prudentemente de contestar hasta nueva llamada.

—¡Ñacaniná! —repitió Cruzada, levantando medio tono su silbido.

—¿Quién me llama? —respondió la culebra.

—¡Soy yo, Cruzada!

—¡Ah, la prima!... ¿Qué quieres, prima adorada?

—No se trata de bromas, Ñacaniná... ¿Sabes lo que pasa en la Casa?

—Sí, que ha llegado el Hombre... ¿Qué más?

—Y ¿sabes que estamos en Congreso?

—¡Ah, no; esto no lo sabía —repuso la Ñacaniná, deslizándose cabeza abajo contra el árbol, con tanta seguridad como si marchara sobre un plano horizontal—. Algo grave debe pasar para eso... ¿Qué ocurre?

—Por el momento, nada; pero nos hemos reunido en Congreso precisamente para evitar que nos ocurra algo. En dos palabras: se sabe que hay varios hombres en la Casa, y que se van a quedar definitivamente. Es la Muerte para nosotras.

—Yo creía que ustedes eran la Muerte por sí mismas... ¡No se cansan de repetirlo! —murmuró irónicamente la culebra.

—¡Dejemos esto! Necesitamos de tu ayuda, Ñacaniná.

—¿Para qué? ¡Yo no tengo nada que ver aquí!

—¿Quién sabe? Para desgracia tuya, te pareces bastante a nosotras, las Venenosas. Defendiendo nuestros intereses, defiendes los tuyos.

—¡Comprendo! —repuso la Ñacaniná después de un momento en el que valoró la suma de contingencias desfavorables para ella por aquella semejanza.

—Bueno: ¿contamos contigo?

—¿Qué debo hacer?

—Muy poco. Ir en seguida a la Casa, y arreglarte allí de modo que veas y oigas lo que pasa.

—¡No es mucho, no! —repuso negligentemente Ñacaniná, restregando la cabeza contra el tronco—. Pero es el caso —agregó— que allá arriba tengo la cena segura... Una pava del monte a la que desde anteayer se le ha puesto en el copete anidar allí...

—Tal vez allá encuentres algo que comer —la consoló suavemente Cruzada. Su prima la miró de reojo.

—Bueno, en marcha —reanudó la yarará—. Pasemos primero por el Congreso.

—¡Ah, no! —protestó la Ñacaniná—. ¡Eso no! ¡Les hago a ustedes el favor, y en paz! Iré al Congreso cuando vuelva... si vuelvo. Pero ver antes de tiempo la cáscara rugosa de Terrífica, los ojos de matón de Lanceolada y la cara estúpida de Coralina. ¡Eso, no!

—No está Coralina.

—¡No importa! Con el resto tengo bastante.

—¡Bueno, bueno! —repuso Cruzada, que no quería hacer hincapié—. Pero si no disminuyes un poco la marcha, no te sigo.

En efecto, aun a todo correr, la yarará no podía acompañar el deslizar —casi lento para ella— de la Ñacaniná.

—Quédate, ya estás cerca de las otras —contestó la culebra. Y se lanzó a toda velocidad, dejando en un segundo atrás a su prima Venenosa.

IV

Un cuarto de hora después la Cazadora llegaba a su destino. Velaban todavía en la casa. Por las puertas, abiertas de par en par, salían chorros de luz, y ya desde lejos la Ñacaniná pudo ver cuatro hombres sentados alrededor de la mesa.

Para llegar con impunidad sólo faltaba evitar el problemático tropiezo con un perro. ¿Los habría? Mucho lo temía Ñacaniná. Por esto deslizóse adelante con gran cautela, sobre todo cuando llegó ante el corredor.

Ya en él observó con atención. Ni enfrente, ni a la derecha, ni a la izquierda había perro alguno. Sólo allá, en el corredor opuesto y que la culebra podía ver por entre las piernas de los hombres, un perro negro dormía echado de costado.

La plaza, pues, estaba libre. Como desde el lugar en que se encontraba podía oír, pero no ver el panorama entero de los hombres hablando, la culebra, tras una ojeada arriba, tuvo lo que deseaba en un momento. Trepó por una escalera recostada a la pared bajo el corredor y se instaló en el espacio libre entre pared y techo, tendida sobre el tirante. Pero por más precauciones que tomara al deslizarse, un viejo clavo cayó al suelo y un hombre levantó los ojos.

—¡Se acabó! —se dijo Ñacaniná, conteniendo la respiración.

Otro hombre miró también arriba.

—¿Qué hay? —preguntó.

—Nada —repuso el primero—. Me pareció ver algo negro por allá.

—Una rata.

—Se equivocó el Hombre —murmuró para sí la culebra.

—O alguna ñacaniná.

—Acertó el otro Hombre —murmuró de nuevo la aludida, aprestándose a la lucha.

Pero los hombres bajaron de nuevo la vista, y la Ñacaniná vio y oyó durante media hora.

V

La Casa, motivo de preocupación de la selva, habíase convertido en establecimiento científico de la más grande importancia. Conocida ya desde tiempo atrás la particular riqueza en víboras de aquel rincón del territorio, el Gobierno de la Nación había decidido la creación de un Instituto de Seroterapia Ofídica, donde se prepararían sueros contra el veneno de las víboras. La abundancia de éstas es un punto capital, pues nadie ignora que la carencia de víboras de que extraer el veneno es el principal inconveniente para una vasta y segura preparación del suero.

El nuevo establecimiento podía comenzar casi en seguida, porque contaba con dos animales —un caballo y una mula— ya en vías de completa inmunización. Habíase logrado organizar el laboratorio y el serpentario. Este último prometía enriquecerse de un modo asombroso, por más que el Instituto hubiera llevado consigo no pocas serpientes venenosas —las mismas que servían para inmunizar a los animales citados. Pero si se tiene en cuenta que un caballo, en su último grado de inmunización, necesita seis gramos de veneno en cada inyección (cantidad suficiente para matar doscientos cincuenta caballos), se comprenderá que deba ser muy grande el número de víboras en disponibilidad que requiere un Instituto del género.

Los días, duros al principio, de una instalación en la selva, mantenían al personal superior del Instituto en vela hasta media noche, entre planes de laboratorio y demás.

—Y los caballos, ¿cómo están hoy? —preguntó uno, de lentes negros, y que parecía ser el jefe del Instituto.

—Muy caídos —repuso otro—. Si no podemos hacer una buena recolección en estos días...

La Ñacaniná, inmóvil sobre el tirante, ojos y oídos alerta, comenzaba a tranquilizarse.

—Me parece —se dijo— que las primas venenosas se han llevado un susto magnífico. De estos hombres no hay gran cosa que temer...

Y avanzando más la cabeza, a tal punto que su nariz pasaba ya de la línea del tirante, observó con más atención.

Pero un contratiempo evoca otro.

—Hemos tenido hoy un día malo —agregó alguno—. Cinco tubos de ensayo se han roto...

La Ñacaniná sentíase cada vez más inclinada a la compasión.

—¡Pobre gente! —murmuró—. Se les han roto cinco tubos...

Y se disponía a abandonar su escondite para explorar aquella inocente casa, cuando oyó:

—En cambio, las víboras están magníficas... Parece sentarles el país.

—¿Eh? —dio una sacudida la culebra, jugando velozmente con la lengua—. ¿Qué dice ese pelado de traje blanco?

Pero el hombre proseguía:

—Para ellas, sí, el lugar me parece ideal... Y las necesitamos urgentemente, los caballos y nosotros.

—Por suerte, vamos a hacer una famosa cacería de víboras en este país. No hay duda de que es el país de las víboras.

—Hum..., hum..., hum... —murmuró Ñacaniná, arrollándose en el tirante cuanto le fue posible—. Las cosas comienzan a ser un poco distintas... Hay que quedar un poco más con esta buena gente... Se aprenden cosas curiosas.

Tantas cosas curiosas oyó, que cuando, al cabo de media hora, quiso retirarse, el exceso de sabiduría adquirida le hizo hacer un falso movimiento, y la tercera parte de su cuerpo cayó, golpeando la pared de tablas. Como había caído de cabeza, en un instante la tuvo enderezada hacia la mesa, la lengua vibrante.

La Ñacaniná, cuyo largo puede alcanzar a tres metros, es valiente, con seguridad la más valiente de nuestras serpientes. Resiste un ataque serio del hombre, que es inmensamente mayor que ella, y hace frente siempre. Como su propio coraje le hace creer que es muy temida, la nuestra se sorprendió un poco al ver que los hombres, enterados de que se trataba de una simple ñacaniná, se echaron a reír tranquilos.

—Es una ñacaniná... Mejor; así nos limpiará la casa de ratas.

—¿Ratas?... —silbó la otra. Y como continuaba provocativa, un hombre se levantó al fin.

—Por útil que sea, no deja de ser un mal bicho... Una de estas noches la voy a encontrar buscando ratones dentro de mi cama...

Y cogiendo un palo próximo, lo lanzó contra la Ñacaniná a todo vuelo. El palo pasó silbando junto a la cabeza de la intrusa y golpeó con terrible estruendo la pared.

Hay ataque y ataque. Fuera de la selva, y entre cuatro hombres, la Ñacaniná no se hallaba a gusto. Se retiró a escape, concentrando toda su energía en la cualidad que, conjuntamente con el valor, forman sus dos facultades primas: la velocidad para correr.

Perseguida por los ladridos del perro, y aun rastreada buen trecho por éste —lo que abrió una nueva luz respecto a las gentes aquéllas—, la culebra llegó a la caverna. Pasó por encima de Lanceolada y Atroz, y se arrolló a descansar, muerta de fatiga.

VI

—¡Por fin! —exclamaron todas, rodeando a la exploradora—. Creíamos que te ibas a quedar con tus amigos los Hombres...

—¡Hum!... —murmuró Ñacaniná.

—¿Qué nuevas nos traes? —preguntó Terrífica.

—¿Debemos esperar un ataque, o no tomar en cuenta a los Hombres?

—Tal vez fuera mejor esto... Y pasar al otro lado del río —repuso Ñacaniná.

—¿Qué?... ¿Cómo?... —saltaron todas—. ¿Estás loca?

—Oigan, primero.

—¡Cuenta, entonces!

Y Ñacaniná contó todo lo que había visto y oído: la instalación del Instituto Seroterápico, sus planes, sus fines y la decisión de los hombres de cazar cuanta víbora hubiera en el país.

—¡Cazarnos! —saltaron Urutú Dorado, Cruzada y Lanceolada, heridas en lo más vivo de su orgullo—. ¡Matarnos, querrás decir!

—¡No! ¡Cazarlas, nada más! Encerrarlas, darles bien de comer y extraerles cada veinte días el veneno. ¿Quieren vida más dulce?

La asamblea quedó estupefacta. Ñacaniná había explicado muy bien el fin de esta recolección de veneno; pero lo que no había explicado eran los medios para llegar a obtener el suero.

¡Un suero antivenenoso! Es decir, la curación asegurada, la inmunización de hombres y animales contra la mordedura; la Familia entera condenada a perecer de hambre en plena selva natal.

—¡Exactamente! —apoyó Ñacaniná—. No se trata sino de esto.

Para la Ñacaniná, el peligro previsto era mucho menor. ¿Qué le importaba a ella y sus hermanas las cazadoras —a ellas, que cazaban a diente limpio, a fuerza de músculos— que los animales estuvieran o no inmunizados? Un solo punto oscuro veía ella, y es el excesivo parecido de una culebra con una víbora, que favorecía confusiones mortales. De aquí el interés de la culebra en suprimir el Instituto.

—Yo me ofrezco a empezar la campaña —dijo Cruzada.

—¿Tienes un plan? —preguntó ansiosa Terrífica, siempre falta de ideas.

—Ninguno. Iré sencillamente mañana de tarde a tropezar con alguien.

—¡Ten cuidado! —le dijo Ñacaniná, con voz persuasiva—. Hay varias jaulas vacías... ¡Ah, me olvidaba! —agregó, dirigiéndose a Cruzada—. Hace un rato, cuando salí de allí... Hay un perro negro muy peludo... Creo que sigue el rastro de una víbora... ¡Ten cuidado!

—¡Allá veremos! Pero pido que se llame a Congreso pleno para mañana de noche. Si yo no puedo asistir tanto peor...

Mas la asamblea había caído en nueva sorpresa.

—¿Perro que sigue nuestro rastro?... ¿Estás segura?

—Casi. ¡Ojo con ese perro, porque puede hacernos más daño que todos los hombres juntos!

—Yo me encargo de él —exclamó Terrífica, contenta de (sin mayor esfuerzo mental) poder poner en juego sus glándulas de veneno, que a la menor contracción nerviosa se escurría por el canal de los colmillos.

Pero ya cada víbora se disponía a hacer correr la palabra en su distrito, y a Ñacaniná, gran trepadora, se le encomendó especialmente llevar la voz de alerta a los árboles, reino preferido de las culebras.

A las tres de la mañana la asamblea se disolvió. Las víboras, vueltas a la vida normal, se alejaron en distintas direcciones, desconocidas ya las unas para las otras, silenciosas, sombrías, mientras en el fondo de la caverna la serpiente de cascabel quedaba arrollada e inmóvil, fijando sus duros ojos de vidrio en un ensueño de mil perros paralizados.

VII

Era la una de la tarde. Por el campo de fuego, al resguardo de las matas de espartillo, se arrastraba Cruzada hacia la Casa. No llevaba otra idea, ni creía necesaria tener otra, que matar al primer hombre que se pusiera a su encuentro. Llegó al corredor y se arrolló allí, esperando. Pasó así media hora. El calor sofocante que reinaba desde tres días atrás comenzaba a pesar sobre los ojos de la yarará, cuando un temblor sordo avanzó desde la pieza. La puerta estaba abierta, y ante la víbora, a treinta centímetros de su cabeza apareció el perro, el perro negro y peludo, con los ojos entornados de sueño.

—¡Maldita bestia!... —se dijo Cruzada—. Hubiera preferido un hombre...

En ese instante el perro se detuvo husmeando, y volvió la cabeza... ¡Tarde ya! Ahogó un aullido de sorpresa y movió desesperadamente el hocico mordido.

—Ya tiene éste su asunto listo... —murmuró Cruzada, replegándose de nuevo. Pero cuando el perro iba a lanzarse sobre la víbora, sintió los pasos de su amo y se arqueó ladrando a la yarará. El hombre de los lentes ahumados apareció junto a Cruzada.

—¿Qué pasa? —preguntaron desde el otro corredor.

—Una alternatus... Buen ejemplar —respondió el hombre. Y antes que hubiera podido defenderse, la víbora se sintió estrangulada en una especie de prensa afirmada al extremo de un palo.

La yarará crujió de orgullo al verse así; lanzó su cuerpo a todos lados, trató en vano de recoger el cuerpo y arrollarlo en el palo. Imposible; le faltaba el punto de apoyo en la cola, el famoso punto de apoyo sin el cual una poderosa boa se encuentra reducida a la más vergonzosa impotencia. El hombre la llevó así colgando, y fue arrojada en el Serpentario.

Constituíalo éste un simple espacio de tierra cercado con chapas de cinc liso, provisto de algunas jaulas, y que albergaba a treinta o cuarenta víboras. Cruzada cayó en tierra y se mantuvo un momento arrollada y congestionada bajo el sol de fuego.

La instalación era evidentemente provisoria; grandes y chatos cajones alquitranados servían de bañadera a las víboras, y varias casillas y piedras amontonadas ofrecían reparo a los huéspedes de ese paraíso improvisado.

Un instante después la yarará se veía rodeada y pasada por encima por cinco o seis compañeras que iban a reconocer su especie.

Cruzada las conocía a todas; pero no así a una gran víbora que se bañaba en una jaula cerrada con tejido de alambre. ¿Quién era? Era absolutamente desconocida para la yarará. Curiosa a su vez se acercó lentamente.

Se acercó tanto, que la otra se irguió. Cruzada ahogó un silbido de estupor, mientras caía en guardia, arrollada. La gran víbora acababa de hinchar el cuello, pero monstruosamente, como jamás había visto hacerlo a nadie. Quedaba realmente extraordinaria así.

—¿Quién eres? —murmuró Cruzada—. ¿Eres de las nuestras?

Es decir, venenosa. La otra, convencida de que no había habido intención de ataque en la aproximación de la yarará, aplastó sus dos grandes orejas.

—Sí —repuso—. Pero no de aquí; de muy lejos... de la India.

—¿Cómo te llamas?

—Hamadrías... o cobra capelo real.

—Yo soy Cruzada.

—Sí, no necesitas decirlo. He visto muchas hermanas tuyas ya... ¿Cuándo te cazaron?

—Hace un rato... No pude matar.

—Mejor hubiera sido para ti que te hubieran muerto...

—Pero maté al perro.

—¿Qué perro? ¿El de aquí?

—Sí.

La cobra real se echó a reír, a tiempo que Cruzada tenía una nueva sacudida: el perro lanudo que creía haber matado estaba ladrando...

—¿Te sorprende, eh? —agregó Hamadrías—. A muchas les ha pasado lo mismo.

—Pero es que mordí en la cabeza... —contestó Cruzada, cada vez más aturdida—. ¡No me queda una gota de veneno! —concluyó—. Es patrimonio de las yararás vaciar casi en una mordida sus glándulas.

—Para él es lo mismo que te hayas vaciado o no...

—¿No puede morir?

—Sí, pero no por cuenta nuestra... Está inmunizado. Pero tú no sabes lo que es esto...

—¡Sé! —repuso vivamente Cruzada—. ¡Ñacaniná nos contó!...

La cobra real la consideró entonces atentamente.

—Tú me pareces inteligente...

—¡Tanto como tú..., por lo menos! —replicó Cruzada.

El cuello de la asiática se expandió bruscamente de nuevo, y de nuevo la yarará cayó en guardia.

Ambas víboras se miraron largo rato, y el capuchón de la cobra bajó lentamente.

—Inteligente y valiente —murmuró Hamadrías—. A ti se te puede hablar... ¿Conoces el nombre de mi especie?

—Hamadrías, supongo.

—O Naja búngaro... o Cobra capelo real. Nosotras somos respecto de la vulgar cobra capelo de la India, lo que tú respecto de una de esas coatiaritas... Y ¿sabes de qué nos alimentamos?

—No.

—De víboras americanas..., entre otras cosas —concluyó balanceando la cabeza ante Cruzada.

Esta apreció rápidamente el tamaño de la extranjera ofiófaga.

—¿Dos metros cincuenta? —preguntó.

—Sesenta... dos sesenta, pequeña Cruzada —repuso la otra, que había seguido su mirada.

—Es un buen tamaño... Más o menos, el largo de Anaconda, una prima mía. ¿Sabes de qué se alimenta?

—Supongo...

—Sí, de víboras asiáticas —y miró a su vez a Hamadrías.

—¡Bien contestado! —repuso ésta, balanceándose de nuevo. Y después de refrescarse la cabeza en el agua, agregó perezosamente:

—¿Prima tuya, dijiste?

—Sí.

—¿Sin veneno, entonces?

—Así es... Y por esto justamente tiene gran debilidad por las extranjeras venenosas.

Pero la asiática no la escuchaba ya, absorta en sus pensamientos.

—¡Oyeme! —dijo de pronto—. ¡Estoy harta de hombres, perros, caballos y de todo este infierno de estupidez y crueldad! Tú me puedes entender, porque lo que es ésas... Llevo año y medio encerrada en una jaula como si fuera una rata, maltratada, torturada periódicamente. Y, lo que es peor, despreciada, manejada como un trapo por viles hombres... Y yo, que tengo valor, fuerza y veneno suficiente para concluir con todos ellos, estoy condenada a entregar mi veneno para la preparación de sueros antivenenosos. ¡No te puedes dar cuenta de lo que esto supone para mi orgullo! ¿Me entiendes? —concluyó mirando en los ojos a la yarará.

—Sí —repuso la otra—. ¿Qué debo hacer?

—Una sola cosa; un solo medio tenemos de vengarnos hasta las heces... Acércate, que no nos oigan... Tú sabes la necesidad absoluta de un punto de apoyo para poder desplegar nuestra fuerza... Toda nuestra salvación depende de esto. Solamente...

—¿Qué?

La cobra real miró otra vez fijamente a Cruzada.

—Solamente que puedes morir...

—¿Sola?

—¡Oh, no! *Ellos,* algunos de los hombres también morirán...

—¡Es lo único que deseo! Continúa.

—Pero acércate aún... ¡Más cerca!

El diálogo continuó un rato en voz tan baja, que el cuerpo de la yarará frotaba, descamándose, contra las mallas de alambre. De pronto, la cobra se abalanzó y mordió por tres veces a Cruzada. Las víboras, que habían seguido de lejos el incidente, gritaron:

—¡Ya está! ¡Ya la mató! ¡Es una traicionera!

Cruzada, mordida por tres veces en el cuello, se arrastró pesadamente por el pasto. Muy pronto quedó inmóvil, y fue a ella a quien encontró el empleado del Instituto cuando, tres horas después, entró en el Serpentario. El hombre vio a la yarará, y empujándola con el pie, le hizo dar vuelta como a una soga y miró su vientre blanco.

—Está muerta, bien muerta... —murmuró—. Pero ¿de qué? —Y se agachó a observar a la víbora. No fue largo su examen: en el cuello y en la misma base de la cabeza notó huellas inequívocas de colmillos venenosos.

—¡Hum! —se dijo el hombre—. Esta no puede ser más que la hamadrías... Allí está, arrodillada y mirándome como si yo fuera otra alternatus... Veinte veces le he dicho al director que las mallas del tejido son demasiado grandes. Ahí está la prueba... En fin —concluyó, cogiendo a Cruzada por la cola y lanzándola por encima de la barrera de cinc—, ¡un bicho menos que vigilar!

Fue a ver al director:

—La hamadrías ha mordido a la yarará que introdujimos hace un rato. Vamos a extraerle muy poco veneno.

—Es un fastidio grande —repuso aquél—. Pero necesitamos para hoy el veneno... No nos queda más qué un solo tubo de suero... ¿Murió la alternatus?

—Sí; la tiré afuera... ¿Traigo a la hamadrías?

—No hay más remedio... Pero para la segunda recolección, de aquí a dos o tres horas.

VIII

....

...Se hallaba quebrantada, exhausta de fuerzas. Sentía la boca llena de tierra y sangre. ¿Dónde estaba?

El velo denso de sus ojos comenzaba a desvanecerse, y Cruzada alcanzó a distinguir el contorno. Vio —y reconoció— el muro de cinc, y súbitamente recordó todo: el perro negro, el lazo, la inmensa serpiente asiática y el plan de batalla de ésta en que ella misma, Cruzada, iba jugando su vida. Recordaba todo, ahora que la parálisis provocada por el veneno comenzaba a abandonarla. Con el recuerdo, tuvo conciencia plena de lo que debía hacer. ¿Sería tiempo todavía?

Intentó arrastrarse, mas en vano; su cuerpo ondulaba, pero en el mismo sitio, sin avanzar. Pasó un rato aún y su inquietud crecía.

—¡Y no estoy sino a treinta metros! —murmuraba—. ¡Dos minutos, un solo minuto de vida, y llego a tiempo!

Y tras nuevo esfuerzo consiguió deslizarse, arrastrarse desesperadamente hacia el laboratorio.

Atravesó el patio, llegó a la puerta en el momento en que el empleado, con las dos manos, sostenía, colgando en el aire, la Hamadrías, mientras el hombre de los lentes ahumados le introducía el vidrio de reloj en la boca. La mano se dirigía a oprimir las glándulas, y Cruzada estaba aún en el umbral.

—¡No tendré tiempo! —se dijo desesperada. Y arrastrándose en un supremo esfuerzo, tendió adelante los blanquísimos colmillos. El peón, al sentir su pie descalzo abrasado por los dientes de la yarará, lanzó un grito y bailó. No mucho; pero lo suficiente para que el cuerpo colgante de la cobra real oscilara y alcanzase a la pata de la mesa, donde se arrolló velozmente. Y con ese punto de apoyo, arrancó su cabeza de entre las manos del peón y fue a clavar hasta la raíz los colmillos en la muñeca izquierda del hombre de lentes negros —justamente en una vena.

¡Ya estaba! Con los primeros gritos, ambas, la cobra asiática y la yarará, huían sin ser perseguidas.

—¡Un punto de apoyo! —murmuraba la cobra volando a escape por el campo—. Nada más que eso me faltaba. ¡Ya lo conseguí, por fin!

—Sí —corría la yarará a su lado, muy dolorida aún—. Pero no volvería a repetir el juego...

Allá, de la muñeca del hombre pendían dos negros hilos de sangre pegajosa. La inyección de una hamadrías en una vena es cosa demasiado seria para que un mortal pueda resistirla largo rato con los ojos abiertos —y los del herido cerraban para siempre a los cuatro minutos.

IX

El Congreso estaba en pleno. Fuera de Terrífica y Ñacaniná, y las yararás Urutú Dorado, Coatiarita, Neuwied, Atroz y Lanceolada, había acudido Coralina —de cabeza estúpida, según Ñacaniná—, lo que no obsta para que su mordedura sea de las más dolorosas. Además es hermosa, incontestablemente hermosa con sus anillos rojos y negros.

Siendo, como es sabido, muy fuerte la vanidad de las víboras en punto de belleza, Coralina se alegraba bastante de la ausencia de su hermana Frontal, cuyos triples anillos negros y blancos sobre fondo de púrpura colocan a esta víbora de coral en el más alto escalón de la belleza ofírica.

Las Cazadoras estaban representadas esa noche por Drimobia, cuyo destino es ser llamada yararacusú del monte, aunque su aspecto sea bien distinto. Asistían Cipó, de un hermoso verde y gran cazadora de pájaros; Radínea, pequeña y oscura, que no abandona jamás los charcos; Boipeva, cuya característica es achatarse completamente contra el suelo, apenas se siente amenazada. Trigómina, culebra de coral, muy fina de cuerpo, como sus compañeras arborícolas; y por último Esculapia, también de coral, cuya entrada, por razones que se verá en seguida, fue acogida con generales miradas de desconfianza.

Faltaban asimismo varias especies de las venenosas y las cazadoras, ausencia ésta que requiere una aclaración. Al decir Congreso pleno, hemos hecho referencia a la gran mayoría de las especies, y sobre todo de las que se podría llamar *reales* por su importancia. Desde el primer Congreso de las Víboras se acordó que las especies numerosas, estando en mayoría, podían dar carácter de absoluta fuerza a sus decisiones. De aquí la plenitud del

Congreso actual, bien que fuera lamentable la ausencia de la yarará Surucucú, a quien no había sido posible hallar por ninguna parte; hecho tanto más de sentir cuanto que esta víbora, que puede alcanzar a tres metros, es a la vez la que reina en América, viceemperatriz del Imperio Mundial de las Víboras, pues sólo una la aventaja en tamaño y potencia de veneno; la hamadrías asiática.

Alguna faltaba —fuera de Cruzada—; pero las víboras todas afectaban no darse cuenta de su ausencia.

A pesar de todo, se vieron forzadas a volverse al ver asomar por entre los helechos una cabeza de grandes ojos vivos.

—¿Se puede? —decía la visitante alegremente.

Como si una chispa eléctrica hubiera recorrido todos los cuerpos, las víboras irguieron la cabeza al oír aquella voz.

—¿Qué quieres aquí? —gritó Lanceolada con profunda irritación.

—¡Este no es tu lugar! —exclamó Urutú Dorado, dando por primera vez señales de vivacidad.

—¡Fuera! ¡Fuera! —gritaron varias con intenso desasosiego.

Pero Terrífica, con silbido claro, aunque trémulo, logró hacerse oír.

—¡Compañeras! No olviden que estamos en Congreso y todas conocemos sus leyes; nadie, mientras dure, puede ejercer acto alguno de violencia. ¡Entra, Anaconda!

—¡Bien dicho! —exclamó Ñacaniná con sorda ironía—. Las nobles palabras de nuestra reina nos aseguran. ¡Entra, Anaconda!

Y la cabeza viva y simpática de Anaconda avanzó arrastrando tras de sí dos metros cincuenta de cuerpo oscuro y elástico. Pasó ante todas, cruzando una mirada de inteligencia con la Ñacaniná, y fue a arrollarse, con leves silbidos de satisfacción, junto a Terrífica, quien no pudo menos de estremecerse.

—¿Te incomodo? —le preguntó cortésmente Anaconda.

—¡No, de ninguna manera! —contestó Terrífica—. Son las glándulas de veneno que me incomodan, de hinchadas...

Anaconda y Ñacaniná tornaron a cruzar una mirada irónica, y prestaron atención.

La hostilidad bien evidente de la asamblea hacia la recién llegada tenía un cierto fundamento, que no se dejará de apreciar. La Anaconda es la reina de todas las serpientes habidas y por haber, sin exceptuar al pitón malayo. Su fuerza es extraordinaria, y no hay animal de carne y hueso capaz de resistir un abrazo suyo. Cuando comienza a dejar caer del follaje sus diez metros de cuerpo liso con grandes manchas de terciopelo negro, la selva entera se crispa y encoge. Pero la Anaconda es demasiado fuerte para odiar a sea quien fuere —con una sola excepción—, y esta conciencia de su valor le hace conservar siempre buena amistad con el hombre. Si a alguien detesta, es, naturalmente, a las serpientes venenosas; y de aquí la conmoción de las víboras ante la cortés Anaconda.

Anaconda no es, sin embargo, hija de la región. Vagabundeando en las aguas espumosas del Paraná había llegado hasta allí con una gran creciente, y continuaba en la región muy contenta del país, en buena relación con todos, y en particular con la Ñacaniná, con quien había trabado viva amistad. Era, por lo demás, aquel ejemplar una joven Anaconda que distaba aún mucho de alcanzar a los diez metros de sus felices abuelos. Pero los dos metros cincuenta que medía ya valían por el doble, si se considera la fuerza de esta magnífica boa, que por divertirse, al crepúsculo atraviesa el Amazonas entero con la mitad del cuerpo erguido fuera del agua.

Pero Atroz acababa de tomar la palabra ante la asamblea, ya distraída.

—Creo que podríamos comenzar ya —dijo—. Ante todo, es menester saber algo de Cruzada. Prometió estar aquí en seguida.

—Lo que prometió —intervino la Ñacaniná— es estar aquí cuando pudiera. Debemos esperarla.

—¿Para qué? —replicó Lanceolada, sin dignarse volver la cabeza a la culebra.

—¿Cómo para qué? —exclamó ésta, irguiéndose—. Se necesita toda la estupidez de una Lanceolada para decir esto... ¡Estoy cansada ya de oír en este Congreso disparate tras disparate! ¡No parece sino que las Venenosas representaran a la Familia entera! Nadie, menos ésa —señaló con la cola a Lanceolada—, ignora que precisamente de las noticias que traiga Cruzada depende nuestro plan... ¿Que para qué esperarla?... ¡Estamos frescas si las inteligencias capaces de preguntar esto dominan en este Congreso!

—No insultes —le reprochó gravemente Coatiarita.

La Ñacaniná se volvió a ella:

—¿Y a ti, quién te mete en esto?

—No insultes —repitió la pequeña, dignamente.

Ñacaniná consideró al pundonoroso benjamín y cambió de voz.

—Tiene razón la minúscula prima —concluyó tranquila—; Lanceolada, te pido disculpa.

—¡No es nada! —replicó con rabia la yarará.

—¡No importa!; pero vuelvo a pedirte disculpa.

Felizmente, Coralina, que acechaba a la entrada de la caverna, entró silbando:

—¡Ahí viene Cruzada!

—¡Por fin! —exclamaron los congresales, alegres. Pero su alegría transformóse en estupefacción cuando, detrás de la yarará, vieron entrar a una inmensa víbora, totalmente desconocida de ellas.

Mientras Cruzada iba a tenderse al lado de Atroz, la intrusa se arrolló lenta y paulatinamente en el centro de la caverna y se mantuvo inmóvil.

—¡Terrífica! —dijo Cruzada—. Dale la bienvenida. Es de las nuestras.

—¡Somos hermanas! —se apresuró la de cascabel, observándola inquieta.

Todas las víboras, muertas de curiosidad, se arrastraron hacia la recién llegada.

—Parece una prima sin veneno —decía una, con un canto de desdén.

—Sí —agregó la otra—. Tiene ojos redondos.

—Y cola larga.

—Y además...

Pero de pronto quedaron mudas, porque la desconocida acababa de hinchar monstruosamente el cuello. No duró aquello más que un segundo; el capuchón se replegó, mientras la recién llegada se volvía a su amiga, con la voz alterada.

—Cruzada: diles que no se acerquen tanto... No puedo dominarme.

—Sí, ¡déjenla tranquila! —exclamó Cruzada—. Tanto más —agregó— cuanto que acaba de salvarme la vida, y tal vez la de todas nosotras.

No era menester más. El Congreso quedó un instante pendiente de la narración de Cruzada, que tuvo que contarlo todo: el encuentro con el perro, el lazo del hombre de lentes ahumados, el magnífico plan de Hamadrías, con la catástrofe final, y el profundo sueño que acometió luego a la yarará hasta una hora antes de llegar.

—Resultado —concluyó—: dos hombres fuera de combate, y de los más peligrosos. Ahora no nos resta más que eliminar a los que quedan.

—¡O a los caballos! —dijo Hamadrías.

—¡O al perro! —agregó la Ñacaniná.

—Yo creo que a los caballos —insistió la cobra real—. Y me fundo en esto: mientras queden vivos los caballos, un solo hombre puede preparar miles de tubos de suero, con los cuales se inmunizarán contra nosotras. Raras veces —ustedes lo saben bien— se presenta la ocasión de morder una vena... como ayer. Insisto, pues, en que debemos dirigir todo nuestro ataque contra los caballos. ¡Después veremos! En cuanto al perro —concluyó con una mirada de reojo a la Ñacaniná—, me parece despreciable.

Era evidente que desde el primer momento la serpiente asiática y la Ñacaniná indígena habíanse disgustado mutuamente. Si la una, en su carácter de animal venenoso, representaba un tipo inferior para la Cazadora; esta última, a fuer de fuerte y ágil, provocaba el odio y los celos de Hamadrías. De modo que la vieja y tenaz rivalidad entre serpientes venenosas y no venenosas llevaba miras de exasperarse aún más en aquel último Congreso.

—Por mi parte —contestó Ñacaniná—, creo que caballos y hombres son secundarios en esta lucha. Por gran facilidad que podamos tener para eliminar a unos y otros, no es nada esta facilidad comparada con la que puede tener el perro el primer día que se les ocurra dar una batida en forma, y la darán, estén bien seguras, antes de veinticuatro horas. Un perro inmunizado contra cualquier mordedura, aun la de esta señora con sombrero en el cuello —agregó señalando de costado a la cobra real—, es el enemigo más temible que podamos tener, y sobre todo si se recuerda que ese enemigo ha sido adiestrado a seguir nuestro rastro. ¿Qué opinas, Cruzada?

No se ignoraba tampoco en el Congreso la amistad singular que unía a la víbora y la culebra; posiblemente más que amistad, era aquello una estimación recíproca de su mutua inteligencia.

—Yo opino como Ñacaniná —repuso—. Si el perro se pone a trabajar, estamos perdidas.

—¡Pero adelantémonos! —replicó Hamadrías.

—¡No podríamos adelantarnos tanto!... Me inclino decididamente por la prima.

—Estaba segura —dijo ésta tranquilamente.

Era esto más de lo que podía oír la cobra real sin que la ira subiera a inundarle los colmillos de veneno.

—No sé hasta qué punto puede tener valor la opinión de esta señorita conversadora —dijo, devolviendo a la Ñacaniná su mirada de reojo—. El peligro real en esta circunstancia es para nosotras, las Venenosas, que tenemos por negro pabellón a la Muerte. Las culebras saben bien que el hombre no las teme, porque son completamente incapaces de hacerse temer.

—¡He aquí una cosa bien dicha! —dijo una voz que no había sonado aún.

Hamadrías se volvió vivamente, porque en el tono tranquilo de la voz había creído notar una vaguísima ironía, y vio dos grandes ojos brillantes que la miraban apaciblemente.

—¿A mí me hablas? —preguntó con desdén.

—Sí, a ti —repuso mansamente la interruptora—. Lo que has dicho está empapado en profunda verdad.

La cobra real volvió a sentir la ironía anterior, y como por un presentimiento, midió a la ligera con la vista el cuerpo de su interlocutora, arrollada en la sombra.

—¡Tú eres Anaconda!

—¡Tú lo has dicho! —repuso aquélla inclinándose. Pero la Ñacaniná quería de una vez por todas aclarar las cosas.

—¡Un instante! —exclamó.

—¡No! —interrumpió Anaconda—. Permíteme, Ñacaniná. Cuando un ser es bien formado, ágil, fuerte y veloz, se apodera de su enemigo con la energía de nervios y músculos que constituye su honor, como lo es el de todos los luchadores de la creación. Así cazan el gavilán, el gato onza, el tigre, nosotras, todos los seres de noble estructura. Pero cuando se es torpe, pesado, poco inteligente e incapaz, por lo tanto, de luchar francamente por la vida, entonces se tiene un par de colmillos para asesinar a traición, ¡como esa dama importada que nos quiere deslumbrar con su gran sombrero!

En efecto, la cobra real, fuera de sí, había dilatado el monstruoso cuello para lanzarse sobre la insolente. Pero también el Congreso entero se había erguido amenazador al ver esto.

—¡Cuidado! —gritaron varias a un tiempo—. ¡El Congreso es inviolable!

—¡Abajo el capuchón! —alzóse Atroz, con los ojos hechos ascua.

Hamadrías se volvió a ella con un silbido de rabia.

—¡Abajo el capuchón! —se adelantaron Urutú Dorado y Lanceolada.

Hamadrías tuvo un instante de loca rebelión, pensando en la facilidad con que hubiera destrozado una tras otra a cada una de sus contrincantes. Pero ante la actitud de combate del Congreso entero, bajó el capuchón lentamente.

—¡Está bien! —silbó—. Respeto al Congreso. Pero pido que cuando se concluya... ¡no me provoquen!

—Nadie te provocará —dijo Anaconda.

La cobra se volvió a ella con reconcentrado odio:

—¡Y tú menos que nadie, porque me tienes miedo!

—¡Miedo yo! —contestó Anaconda, avanzando.

—¡Paz, paz! —clamaron todas de nuevo—. ¡Estamos dando un pésimo ejemplo! ¡Decidamos de una vez lo que debemos hacer!

—Sí, ya es tiempo de esto —dijo Terrífica—. Tenemos dos planes a seguir: el propuesto por Ñacaniná, y el de nuestra aliada. ¿Comenzamos el ataque por el perro, o bien lanzamos todas nuestras fuerzas contra los caballos?

Ahora bien, aunque la mayoría se inclinaba acaso adoptar el plan de la culebra, el aspecto, tamaño e inteligencia demostrada por la serpiente asiática había impresionado favorablemente al Congreso en su favor. Estaba aún viva su magnífica combinación contra el personal del Instituto; y fuera lo que pudiere ser su nuevo plan, es lo cierto que se le debía ya la eliminación de dos hombres. Agréguese que, salvo la Ñacaniná y Cruzada, que habían estado ya en campaña, ninguna se había dado cuenta del terrible enemigo que había en un perro inmunizado y rastreador de víboras. Se comprenderá así que el plan de la cobra real triunfara al fin.

Aunque era ya muy tarde, era también cuestión de vida o muerte llevar el ataque en seguida, y se decid partir sobre la marcha.

—¡Adelante, pues! —concluyó la de cascabel—. ¿Nadie tiene nada más que decir?

—¡Nada...! —gritó Ñacaniná—. Sino que nos arrepentiremos.

Y las víboras y culebras, inmensamente aumentad por los individuos de las especies cuyos representant salían de la caverna, lanzáronse hacia el Instituto.

—¡Una palabra! —advirtió aún Terrífica—. ¡Mientras dure la campaña estamos en Congreso y somos inviolables las unas para las otras. ¿Entendido?

—¡Sí, sí, basta de palabras! —silbaron todas.

La cobra real, a cuyo lado pasaba Anaconda, le dijo mirándola sombríamente:

—Después...

—¡Ya lo creo! —la cortó alegremente Anaconda, lanzándose como una flecha a la vanguardia.

X

El personal del Instituto velaba al pie de la cama del peón mordido por la yarará. Pronto debía amanecer. Un empleado se asomó a la ventana por donde entraba la noche caliente y creyó oír ruido en uno de los galpones. Prestó oído un rato y dijo:

—Me parece que es en la caballería... Vaya a ver, Fragoso.

El aludido encendió el farol de viento y salió, en tanto ue los demás quedaban atentos, con el oído alerta.

No había transcurrido medio minuto cuando sintieron pasos precipitados en el patio y Fragoso aparecía, pálido de sorpresa.

—¡La caballeriza está llena de víboras! —dijo.

—¿Llena? —preguntó el nuevo jefe—. ¿Qué es eso? ¿Qué pasa?...

—No sé...

—Vayamos.

Y se lanzaron afuera.

—¡Daboy! ¡Daboy! —llamó el jefe al perro que gemía ñando bajo la cama del enfermo. Y corriendo todos entraron en la caballeriza.

Allí, a la luz del farol de viento, pudieron ver al callo y a la mula debatiéndose a patadas contra sesenta ochenta víboras que inundaban la caballeriza. Los animales relinchaban y hacían volar a coces los pesebres; pero las víboras, como si las dirigiera una inteligencia superior, esquivaban los golpes y mordían con furia.

Los hombres, con el impulso de la llegada, habían caído entre ellas. Ante el brusco golpe de luz, las invasoras se detuvieron un instante, para lanzarse en seguida silbando a un nuevo asalto, que dada la confusión de caballos y hombres no se sabía contra quién iba dirigido.

El personal del Instituto se vio así rodeado por todas partes de víboras. Fragoso sintió un golpe de colmillos en el borde de las botas, a medio centímetro de su rodilla, y descargó su vara —vara dura y flexible que nunca falta en una casa de bosque— sobre el atacante. El nuevo director partió en dos a otra, y el otro empleado tuvo tiempo de aplastar la cabeza, sobre el cuello mismo del perro, a una gran víbora que acababa de arrollarse con pasmosa velocidad al pescuezo del animal.

Esto pasó en menos de diez segundos. Las varas caían con furioso vigor sobre las víboras que avanzaban siempre, mordían las botas, pretendían trepar por las piernas. Y en medio del relinchar de los caballos, los gritos de los hombres, los ladridos del perro y el silbido de las víboras, el asalto ejercía cada vez más presión sobre los defensores, cuando Fragoso, al precipitarse sobre una inmensa víbora que creyera reconocer, pisó sobre un cuerpo a toda velocidad y cayó, mientras el farol, roto en mil pedazos, se apagaba.

—¡Atrás! —gritó el nuevo director—. ¡Daboy, aquí!

Y salieron atrás, al patio, seguidos por el perro, que felizmente había podido desenredarse de entre la madeja de víboras.

Pálidos y jadeantes, se miraron.

—Parece cosa del diablo... —murmuró el jefe—. Jamás he visto cosa igual... ¿Qué tienen las víboras de este país? Ayer, aquella doble mordedura, como matemáticamente combinada... Hoy... Por suerte ignoro que nos han salvado a los caballos con sus mordeduras... Pronto amanecerá, y entonces será otra cosa.

—Me pareció que allí andaba la cobra real —dejó caer Fragoso, mientras se ligaba los músculos doloridos de la muñeca.

—Sí —agregó el otro empleado—. Yo la vi bien... Y Daboy, ¿no tiene nada?

—No; muy mordido... Felizmente puede resistir cuanto quieran.

Volvieron los hombres otra vez al enfermo, cuya respiración era mejor. Estaba ahora inundado en copiosa transpiración.

—Comienza a aclarar —dijo el nuevo director, asomándose a la ventana—. Usted, Antonio, podrá quedarse aquí, Fragoso y yo vamos a salir.

—¿Llevamos los lazos? —preguntó Fragoso.

—¡Oh, no! —repuso el jefe, sacudiendo la cabeza—. Con otras víboras, las hubiéramos cazado a todas en un segundo. Estas son demasiado singulares... Las varas y, a todo evento, el machete.

XI

No singulares, sino víboras, que ante un inmenso peligro sumaban la inteligencia reunida de la especie, era el enemigo que había asaltado el Instituto Seroterápico.

La súbita oscuridad que siguiera al farol roto había advertido a las combatientes el peligro de mayor luz y mayor resistencia. Además, comenzaban a sentir ya en la humedad de la atmósfera la inminencia del día.

—Si nos quedamos un momento más —exclamó Cruzada—, nos cortan la retirada. ¡Atrás!

—¡Atrás, atrás! —gritaron todas. Y atropellándose, pasándose las unas sobre las otras, se lanzaron al campo. Marchaban en tropel, espantadas, derrotadas, viendo con consternación que el día comenzaba a romper a lo lejos.

Llevaban ya veinte minutos de fuga, cuando un ladrido claro y agudo, pero distante aún detuvo a la columna jadeante.

—¡Un instante! —gritó Urutú Dorado—. Veamos cuántas somos, y qué podemos hacer.

A la luz aún incierta de la madrugada examinaron sus fuerzas. Entras las patas de los caballos habían quedado dieciocho serpientes muertas, entre ellas las dos culebras de coral. Atroz había sido partida en dos por Fragoso, y Drimobia yacía allá con el cráneo roto, mientras estrangulaba al perro. Faltaban además Coatiarita, Radínea y Boipeva. En total, veintitrés combatientes aniquilados. Pero las restantes, sin excepción de una sola, estaban todas magulladas, pisadas, pateadas, llenas de polvo y sangre entre las escamas rotas.

—He aquí el éxito de nuestra campaña —dijo amargamente Ñacaniná, deteniéndose un instante a restregar contra una piedra su cabeza—. ¡Te felicito, Hamadrías!

Pero para sí sola se guardaba lo que había oído tras la puerta cerrada de la caballeriza —pues había salido la última. ¡En vez de matar, habían salvado la vida a los caballos, que se extenuaban precisamente por falta de veneno!

Sabido es que para un caballo que se está inmunizando, el veneno le es tan indispensable para su vida diaria como el agua misma y muere si le llega a faltar.

Un segundo ladrido de perro sobre el rastro sonó tras ellas.

—¡Estamos en inminente peligro! —gritó Terrífica—. ¿Qué hacemos?

—¡A la gruta! —clamaron todas, deslizándose a toda velocidad.

—¡Pero, están locas! —gritó la Ñacaniná, mientras corría—. ¡Las van a aplastar a todas! ¡Van a la muerte! Oiganme: ¡desbandémonos!

Las fugitivas se detuvieron, irresolutas. A pesar de su pánico, algo les decía que el desbande era la única medida salvadora, y miraron alocadas a todas partes. Una sola voz de apoyo, una sola, y se decidían.

Pero la cobra real, humillada, vencida en su segundo esfuerzo de dominación, repleta de odio para un país que en adelante debía serle eminentemente hostil, pr firió hundirse del todo, arrastrando con ella a las demás especies.

—¡Está loca Ñacaniná! —exclamó—. Separándonos nos matarán una a una sin que podamos defendernos... Allá es distinto. ¡A la caverna!

—¡Sí, a la caverna! —respondió la columna despavorida, huyendo—. ¡A la caverna!

La Ñacaniná vio aquello y comprendió que iban a la muerte. Pero viles, derrotadas, locas de pánico, las víboras iban a sacrificarse, a pesar de todo. Y con una altiva sacudida de lengua, ella, que podía ponerse impunemente a salvo por su velocidad, se dirigió como las otras directamente a la muerte.

Sintió así un cuerpo a su lado, y se alegró al reconocer a Anaconda.

—Ya ves —le dijo con una sonrisa— a lo que nos ha traído la asiática.

—Sí, es un mal bicho... —murmuró Anaconda, mientras corrían una junto a otra.

—¡Y ahora las lleva a hacerse masacrar todas juntas!...

—Ella, por lo menos —advirtió Anaconda con voz ombría—, no va a tener ese gusto...

Y ambas, con un esfuerzo de velocidad, alcanzaron la columna.

Ya habían llegado.

—¡Un momento! —se adelantó Anaconda, cuyos ojos rillaban—. Ustedes lo ignoran, pero yo lo sé con cer-
eza, que dentro de diez minutos no va a quedar viva
na de nosotras. El Congreso y sus leyes están, pues,
a concluidos. ¿No es eso, Terrífica?

Se hizo un largo silencio.

—Sí —murmuró abrumada Terrífica—. Está con-
uido...

—Entonces —prosiguió Anaconda volviendo la cabeza
todos lados—, antes de morir quisiera... ¡Ah, mejor
í! —concluyó satisfecha al ver a la cobra real que
vanzaba lentamente hacia ella.

No era aquel probablemente el momento ideal para
n combate. Pero desde que el mundo es mundo, nada,

ni la presencia del Hombre sobre ellas, podrá evitar que una Venenosa y una Cazadora solucionen sus asuntos particulares.

El primer choque fue favorable a la cobra real: sus colmillos se hundieron hasta la encía en el cuello de Anaconda. Esta, con la maravillosa maniobra de las boas de devolver en ataque una cogida casi mortal, lanzó su cuerpo adelante como un látigo y envolvió en él a la Hamadrías, que en un instante se sintió ahogada. La boa, concentrando toda su vida en aquel abrazo, cerraba progresivamente sus anillos de acero; pero la cobra real no soltaba presa. Hubo aun un instante en que Anaconda sintió crujir su cabeza entre los dientes de la Hamadrías. Pero logró hacer un supremo esfuerzo, y este postrer relámpago de voluntad decidió la balanza a su favor. La boca de la cobra semiasfixiada se desprendió babeando, mientras la cabeza libre de Anaconda hacía presa en el cuerpo de la Hamadrías.

Poco a poco, segura del terrible abrazo con que inmovilizaba a su rival, su boca fue subiendo a lo largo del cuello, con cortas y bruscas dentelladas, en tanto que la cobra sacudía desesperada la cabeza. Los 96 agudos dientes de Anaconda subían siempre, llegaron al capuchón, treparon, alcanzaron la garganta, subieron aún hasta que se clavaron por fin en la cabeza de su enemiga, con un sordo y larguísimo crujido de huesos masticados.

Ya estaba concluido. La boa abrió sus anillos, y el macizo cuerpo de la cobra real se escurrió pesadamente a tierra, muerta.

—Por lo menos estoy contenta... —murmuró Anaconda, cayendo a su vez exánime sobre el cuerpo de la asiática.

Fue en ese instante cuando las víboras oyeron a menos de cien metros el ladrido agudo del perro.

Y ellas, que en diez minutos antes atropellaban aterradas la entrada de la caverna, sintieron subir a sus ojos la llamarada salvaje de la lucha a muerte por la Selva entera.

—¡Entremos! —agregaron, sin embargo, algunas.

—¡No, aquí! ¡Muramos aquí! —ahogaron todas con sus silbidos. Y contra el murallón de piedra que les cortaba toda retirada, el cuello y la cabeza erguidos sobre el cuerpo arrollado, los ojos hechos ascua, esperaron.

No fue larga su espera. En el día aún lívido y contra el fondo negro del monte, vieron surgir ante ellas las dos altas siluetas del nuevo director y de Fragoso, reteniendo en traílla al perro, que, loco de rabia, se abalanzaba adelante.

—¡Se acabó! ¡Y esta vez definitivamente! —murmuró Ñacaniná, despidiéndose con esas seis palabras de una vida bastante feliz, cuyo sacrificio acababa de decidir. Y con un violento empuje se lanzó al encuentro del perro, que, suelto y con la boca blanca de espuma, llegaba sobre ellas. El animal esquivó el golpe y cayó furioso sobre Terrífica, que hundió los colmillos en el hocico del perro. Daboy agitó furiosamente la cabeza, sacudiendo en el aire a la de cascabel; pero ésta no soltaba.

Neuwied aprovechó el instante para hundir los colmillos en el vientre del animal; mas también en ese momento llegaban los hombres. En un segundo Terrífica y Neuwied cayeron muertas, con los riñones quebrados.

Urutú Dorado fue partida en dos, y lo mismo Cipó. Lanceolada logró hacer presa en la lengua del perro; pero dos segundos después caía tronchada en tres pedazos por el doble golpe de vara, al lado de Esculapia.

El combate, o más bien exterminio, continuaba furioso, entre silbidos y roncos ladridos de Daboy, que estaba en todas partes. Cayeron una tras otra, sin perdón —que tampoco pedían—, con el cráneo triturado entre las mandíbulas del perro o aplastadas por los hombres. Fueron quedando masacradas frente a la caverna de su último Congreso. Y de las últimas, cayeron Cruzada y Ñacaniná.

No quedaba una ya. Los hombres se sentaron, mirando aquella total masacre de las especies, triunfantes un día. Daboy, jadeando a sus pies, acusaba algunos síntomas de envenenamiento, a pesar de estar poderosamente inmunizado. Había sido mordido 64 veces.

Cuando los hombres se levantaban para irse se fijaron por primera vez en Anaconda, que comenzaba a revivir.

—¿Qué hace esta boa por aquí? —dijo el nuevo director—. No es éste su país... A lo que parece, ha trabado relación con la cobra real..., y nos ha vengado a su manera. Si logramos salvarla haremos una gran cosa, porque parece terriblemente envenenada. Llevémosla. Acaso un día nos salve a nosotros de toda esta chusma venenosa.

Y se fueron, llevando de un palo que cargaban en los hombros, a Anaconda, que, herida y exhausta de fuerzas, iba pensando en Ñacaniná, cuyo destino, con un poco menos de altivez, podía haber sido semejante al suyo.

Anaconda no murió. Vivió un año con los hombres, curioseando y observándolo todo, hasta que una noche se fue. Pero la historia de este viaje remontando por largos meses el Paraná hasta más allá del Guayra, más allá todavía del golfo letal donde el Paraná toma el nombre de río Muerto; la vida extraña que llevó Anaconda y el segundo viaje que emprendió por fin con sus hermanos sobre las aguas sucias de una gran inundación —toda esta historia de rebelión y asalto de camalotes, pertenece a otro relato.

El Simún

En vez de lo que deseaba, me dieron un empleo en el Ministerio de Agricultura. Fui nombrado inspector de las estaciones meteorológicas en los países limítrofes.

Estas estaciones, a cargo del Gobierno argentino, aunque ubicadas en territorio extranjero, desempeñan un papel muy importante en el estudio del régimen climatológico. Su inconveniente estriba en que de las tres observaciones normales a hacer en el día, el encargado suele efectuar únicamente dos, y muchas veces, ninguna. Llena luego las observaciones en blanco con temperaturas y presiones de pálpito. Y esto explica por qué en dos estaciones en territorio nacional, a tres leguas distantes, mientras una marcó durante un mes las oscilaciones naturales de una primavera tornadiza, la otra oficina acusó obstinadamente, y para todo el mes, una misma presión atmosférica y una constante dirección del viento.

El caso no es común, claro está, pero por poco que el observador se distraiga cazando mariposas, las observaciones de pálpito son una constante amenaza para las estadísticas de meteorología.

Yo había a mi vez cazado muchas mariposas mientras tuve a mi cargo una estación y por esto acaso el Ministerio halló en mí méritos para vigilar oficinas cuyo mecanismo tan bien conocía. Fui especialmente encomendado de informar sobre una estación instalada en territorio brasileño, al norte del Iguazú. La estación había sido creada un año antes, a pedido de una empresa de maderas. El obraje marchaba bien, según informes suministrados al Gobierno; pero era un misterio lo que pasaba en la estación. Para aclararlo fui enviado yo, cazador de mariposas meteorológicas, y quiero creer que por el mismo criterio con que los gobiernos sofocan una vasta huelga, nombrando ministro precisamente a un huelguista.

Remonté, pues, el Paraná hasta Corrientes, trayecto que conocía bien. Desde allí a Posadas el país era nuevo para mí, y admiré como es debido el cauce del gran río anchísimo, lento y plateado, con islas empenachadas en todo el circuito de tacuaras dobladas sobre el agua como inmensas canastillas de bambú. Tábanos, los que se deseen.

Pero desde Posadas hasta el término del viaje, el río cambió singularmente. Al cauce pleno y manso sucedía una especie de lúgubre Aqueronte —encajonado entre sombrías murallas de cien metros—, en el fondo del cual corre el Paraná revuelto en torbellinos, de un gris tan opaco que más que agua apenas parece otra cosa que lívida sombra de los murallones. Ni aun sensación de río, pues las sinuosidades incesantes del curso cortan la perspectiva a cada trecho. Se trata, en realidad, de una serie de lagos de montaña hundidos entre tétricos cantiles de bosque, basalto y arenisca barnizada en negro.

Ahora bien: el paisaje tiene una belleza sombría que no se halla fácilmente en los lagos de Palermo. Al caer la noche, sobre todo, el aire adquiere en la honda depresión una frescura y transparencia glaciales. El monte vuelca sobre el río su perfume crepuscular, y en esa vasta quietud de la hora el pasajero avanza sentado en proa, tiritando de frío y excesiva soledad.

Esto es bello, y yo sentí hondamente su encanto. Pero yo comencé a empaparme en su severa hermosura un lunes de tarde; y el martes de mañana vi lo mismo, e igual cosa el miércoles, y lo mismo vi el jueves y el viernes. Durante cinco días, a dondequiera que volviera la vista no veía sino dos colores: el negro de los murallones y el gris lívido del río.

Llegué, por fin. Trepé como pude la barranca de ciento veinte metros y me presenté al gerente del obraje, que era a la vez el encargado de la estación meteorológica. Me hallé con un hombre joven aún, de color cetrino y muchas patas de gallo en los ojos.

—Bueno —me dije—; las clásicas arrugas tropicales. Este hombre ha pasado su vida en un país de sol.

Era francés y se llamaba Briand, como el actual ministro de su patria. Por lo demás, un sujeto cortés y de pocas palabras. Era visible que el hombre había vivido mucho y que al cansancio de sus ojos, contrarrestando la luz, correspondía a todas veras igual fatiga del espíritu: una buena necesidad de hablar poco, por haber pensado mucho.

Hallé que el obraje estaba en ese momento poco menos que paralizado por la crisis de madera, pues en Buenos Aires y Rosario no sabían qué hacer con el *stock* formidable de lapacho, incienso, peterebí y cedro, de toda viga, que flotara o no. Felizmente, la parálisis no había alcanzado a la estación meteorológica. Todo subía y bajaba, giraba y registraba en ella, que era un encanto. Lo cual tiene su real mérito, pues cuando las pilas Edison se ponen en relaciones tirantes con el registrador del anemómetro, puede decirse que el caso es serio. No sólo esto: mi hombre había inventado un aparatito para registrar el rocío —un *hechizo* regional— con el que nada tenían que ver los instrumentos oficiales; pero aquello andaba a maravillas.

Observé todo, toqué, compulsé libretas y estadísticas, con la certeza creciente de que aquel hombre no sabía cazar mariposas. Si lo sabía, no lo hacía por lo menos.

Y esto era un ejemplo tan saludable como moralizador para mí.

No pude menos de informarme, sin embargo, respecto del gran retraso de las observaciones remitidas a Buenos Aires. El hombre me dijo que es bastante común, aun en obrajes con puerto y chalana en forma, que la correspondencia se reciba y haga llegar a los vapores metiéndola dentro de una botella que se lanza al río. A veces es recogida; a veces, no.

¿Qué objetar a esto? Quedé, pues, encantado. Nada tenía que hacer ya. Mi hombre se prestó amablemente a organizarme una cacería de antas —que no cacé— y se negó a acompañarme a pasear en guabiroba por el río. El Paraná corre allá nueve millas, con remolinos capaces de poner proa al aire a remolcadores de jangadas. Paseé, sin embargo, y crucé el río; pero jamás volveré a hacerlo.

Entre tanto la estada me era muy agradable, hasta que uno de esos días comenzaron las lluvias. Nadie tiene idea en Buenos Aires de lo que es aquello cuando un temporal de agua se asienta sobre el bosque. Llueve todo el día sin cesar, y al otro, y al siguiente, como si recién comenzara, en la más espantosa humedad de ambiente que sea posible imaginar. No hay frotador de caja de fósforos que conserve un grano de arena, y si un cigarro ya tiraba mal en pleno sol, no queda otro recurso que secarlo en el horno de la cocina económica —donde se quema—, claro está.

Yo estaba ya bastante harto del paisaje aquel: la inmensa depresión negra y el río gris en el fondo; nada más. Pero cuando me tocó sentarme en el corredor por toda una semana, teniendo por delante la gotera, detrás la lluvia y allá abajo el Paraná blanco; cuando, después de volver la cabeza a todos lados y ver siempre el bosque inmóvil bajo el agua, tornaba fatalmente la vista al horizonte de basalto y bruma, confieso que entonces sentía crecer en mí, como un hongo, una inmensa admiración por aquel hombre que asistía sin inmutarse al liquidamiento de su energía y de sus cajas de fósforos.

Tuve, por fin, una idea salvadora:

—¿Si tomáramos algo? —propuse—. De continuar esto dos días más, me voy en canoa.

Eran las tres de la tarde. En la comunidad de los casos, no es ésta hora formal para tomar caña. Pero cualquier cosa me parecía profundamente razonable —aun iniciar a las tres el aperitivo—, ante aquel paisaje de Divina Comedia empapado en siete días de lluvia.

Comenzamos, pues. No diré si tomamos poco o mucho, porque la cantidad es en sí un detalle superficial. Lo fundamental es el giro particular de las ideas —así la indignación que se iba apoderando de mí por la manera con que mi compañero soportaba aquella desolación de paisaje—. Miraba él hacia el río con la calma de un individuo que espera el final de un diluvio universal que ha comenzado ya, pero que demorará aún catorce o quince años: no había por qué inquietarse. Yo se lo dije; no sé de qué modo, pero se lo dije. Mi compañero se echó a reír pero no me respondió. Mi indignación crecía.

—Sangre de pato... —murmuraba yo mirándolo—. No tiene ya dos dedos de energía...

Algo oyó, supongo, porque, dejando su sillón de tela vino a sentarse a la mesa, enfrente de mí. Le vi hacer aquello un si es no es estupefacto, como quien mira a un sapo acodarse ante nuestra mesa. Mi hombre se acodó, en efecto, y noté entonces que lo veía con enérgico relieve.

Habíamos comenzado a las tres, recuerdo que dije. No sé qué hora sería entonces.

—Tropical, farsante... —murmuré aún—. Borracho perdido...

El se sonrió de nuevo, y me dijo con voz muy clara:

—Oígame, mi joven amigo: usted, a pesar de su título y su empleo y su mariposeo mental, es una criatura. No ha hallado otro recurso para sobrellevar unos cuantos días que se le antojan aburridos, que recurrir al alcohol. Usted no tiene idea de lo que es aburrimiento, y se escandaliza de que yo no me enloquezca con usted. ¿Qué sabe usted de lo que es un país realmente de infierno? Usted es una criatura, y nada más. ¿Quiere oír una historia de aburrimiento? Oiga, entonces:

Yo no me aburro aquí porque he pasado por cosas que usted no resistiría quince días. Yo estuve siete meses... Era allá, en el Sahara, en un fortín avanzado. Que soy oficial del ejército francés, ya lo sabe... Ah, ¿no? Bueno, capitán... Lo que no sabe es que pasé siete meses allá, en un país totalmente desierto, donde no hay más que sol de cuarenta y ocho grados a la sombra, arena que deja ciego y escorpiones. Nada más. Y esto cuando no hay sirocco...

Eramos dos oficiales y ochenta soldados. No había nadie ni nada más en doscientas leguas a la redonda. No había sino una horrible luz y un horrible calor, día y noche... Y constantes palpitaciones de corazón, porque uno se ahoga... Y un silencio tan grande como puede desearlo un sujeto con jaqueca.

Las tropas van a esos fortines porque es su deber. También van los oficiales; pero todos vuelven locos o poco menos. ¿Sabe a qué tiempo de marcha están esos fortines? A veinte y treinta días de caravana... Nada más que arena: arena en los dientes, en la sopa, en cuanto se come; arena en la máquina de los relojes que hay que llevar encerrados en bolsitas de gamuza. Y en los ojos, hasta enceguecer al ochenta por ciento de los indígenas, cuanta quiera. Divertido, ¿eh? Y el *cafard*... ¡Ah! Una diversión...

Cuando sopla el sirocco, si no quiere usted estar todo el día escupiendo sangre, debe acostarse entre sábanas mojadas, renovándolas sin cesar, porque se secan antes de que usted se acuerde. Así, dos, tres días. A veces, siete... ¿Oye bien?, siete días. Y usted no tiene otro entretenimiento, fuera de empapar sus sábanas, que triturar arena, azularse de disnea por la falta de aire y cuidarse bien de cerrar los ojos porque están llenos de arena... y adentro, afuera, donde vaya, tiene cincuenta y dos grados a la sombra. Y si usted adquiere bruscamente ideas suicidas —incuban allá con una rapidez desconcertante—, no tiene más que pasear cien metros al sol, protegido por todos los sombreros que usted quiera: una buena y súbita congestión a la médula lo tiende en medio minuto entre los escorpiones.

¿Cree usted, con esto, que haya muchos oficiales que aspiren seriamente a ir allí? Hay el *cafard,* además... ¿Sabe usted lo que pasa y se repite por intervalos? El Gobierno recibe un día, cien, quinientas renuncias de empleados de toda categoría. Todas lo mismo... «Vida perra... Hostilidad de los jefes... Insultos de los compañeros... Imposibilidad de vivir un solo segundo más con ellos...»

—Bueno —dice la Administración—; parece que por allá sopla el sirocco.

Y deja pasar quince días. Al cabo de este tiempo pasa el sirocco, y los nervios recobran su elasticidad normal. Nadie recuerda ya nada, y los renunciantes se quedan atónitos por lo que han hecho.

Esto es el *guebli*... Así decimos allá al sirocco —o simún de las geografías...—. Observe que en ninguna parte del Sahara del Norte he oído llamar simún al *guebli.* Bien. ¡Y usted no puede soportar esta lluvia! ¡El *guebli*!... Cuando sopla, usted no puede escribir. Moja la pluma en el tintero y ya está seca al llegar al papel. Si usted quiere doblar el papel, se rompe como un vidrio. Yo he visto un repollo, fresquísimo al comenzar el viento, doblarse, amarillear y secarse en un minuto. ¿Usted sabe bien lo que es un minuto? Saque el reloj y cuente.

Y los nervios y los golpes de sangre... Multiplique usted por diez la tensión de nuestros meridionales cuando llega allá un colazo de *guebli* y apreciará lo que es irritabilidad explosiva.

¿Y sabe usted por qué no quieren ir los oficiales, fuera del tormento corporal? Porque no hay relación, ni amistad, ni amor que resistan a la vida en común en esos parajes... ¡Ah! ¿Usted cree que no? Usted es una criatura, ya le he dicho... Yo lo fui también, y perdí mis seis meses en un fortín en el Sahara, con un teniente a mis órdenes. Eramos íntimos amigos, infinitamente más de lo que pudiéramos llegar a serlo usted y yo en veinte generaciones.

Bueno; fuimos allá y durante dos meses nos reímos de arena, sol y *cafard*. Hay allá cosas bellas, no se puede negar. Al salir el sol, todos los montículos de arena brillan; es un verdadero mar de olas de oro. De tarde, los crepúsculos son violeta, puramente violeta. Y comienza el *guebli* a soplar sobre los médanos, va rasando las cúspides y arrancando la arena en nubecillas, como humo de diminutos volcanes. Se los ve disminuir, desaparecer, para formarse de nuevo más lejos. Sí, así pasa cuando sopla el sirocco... Y esto lo veíamos con gran placer en los primeros tiempos.

Poco a poco el *cafard* comenzó a arañar con sus patas nuestras cabezas debilitadas por la soledad y la luz: un aislamiento tan fuera de la Humanidad, que se comienza a dar paseos cortos de vaivén. La arena constante entre los dientes... La piel hiperestesiada hasta convertir en tormento el menor pliegue de la camisa... Este es el grado inicial —diremos delicioso aún— de aquello.

Por poca honradez que se tenga, nuestra propia alma es el receptáculo donde guardamos todas esas miserias; pues, comprendiéndonos únicos culpables, cargamos virilmente con la responsabilidad. ¿Quién podría tener la culpa?

Hay, pues, una lucha heroica en eso. Hasta que un día, después de cuatro de sirocco, el *cafard* clava más hondamente sus patas en la cabeza y ésta no es más dueña de sí. Los nervios se ponen tan tirantes, que ya no hay sensaciones, sino heridas y punzadas. El más simple roce es un empujón; una voz amiga es un grito irritante; una mirada de cansancio es una provocación; un detalle diario y anodino cobra una novedad hostil y un trajante.

¡Ah! Usted no sabe nada... Oigame: ambos, mi amigo y yo, comprendimos que las cosas iban mal, y dejamos casi de hablar. Uno y otro sentíamos que la culpa estaba en nuestra irritabilidad, exasperada por el aisl miento, el calor —el *cafard,* en fin—. Conservábamos, pues, nuestra razón. Lo poco que hablábamos era en la mesa.

Mi amigo tenía un tic. ¡Figúrese usted si estaría yo acostumbrado a él después de veinte años de estrecha amistad! Consistía simplemente en un movimiento seco de la cabeza, echándola a un lado, como si le apretara o molestara un cuello de camisa.

Ahora bien; un día, bajo amenaza de sirocco, cuya depresión angustiosa es tan terrible como el viento mismo, ese día, al levantar los ojos del plato, *noté* que mi amigo efectuaba su movimiento de cabeza. Volví a bajar los ojos, y cuando los levanté de nuevo, vi que otra vez repetía su tic. Torné a bajar los ojos, pero ya en una tensión nerviosa insufrible. ¿Por qué hacía así? ¿Para provocarme? ¿Qué me importaba que hiciera tiempo que hacía eso? ¿Por qué lo hacía cada vez que lo miraba? Y lo terrible era que estaba seguro —¡seguro!— de que cuando levantara los ojos lo iba a ver sacudiendo la cabeza de lado. Resistí cuanto pude, pero el ansia hostil y enfermiza me hizo mirarlo bruscamente. En ese momento echaba la cabeza a un lado, como si le irritara el cuello de la camisa.

—¡Pero hasta cuándo vas a estar con esas estupideces! —le grité con toda la rabia provocativa que pude.

Mi amigo me miró, estupefacto al principio, y en seguida con rabia también. No había comprendido por qué lo provocaba, pero había allí un brusco escape a su propia tensión nerviosa.

—¡Mejor es que dejemos! —repuso con voz sorda y trémula—. Voy a comer solo en adelante.

Y tiró la servilleta —la estrelló— contra la silla.

Quedé en la mesa, inmóvil, pero en una inmovilidad de resorte tendido. Sólo la pierna derecha, sólo ella, bailaba sobre la punta del pie.

Poco a poco recobré la calma. ¡Pero era idiota lo que había hecho! ¡El, mi amigo más que íntimo, con los lazos de fraternidad que nos unía! Fui a verle y lo tomé del brazo.

—Estamos locos —le dije—. Perdóname.

Esa noche cenamos juntos otra vez. Pero el *guebli* rapaba ya los montículos, nos ahogábamos a cincuenta y dos grados y los nervios punzaban enloquecidos a flor de epidermis. Yo no me atrevía a levantar los ojos porque *sabía* que él estaba en ese momento sacudiendc la cabeza de lado, y me hubiera sido completamente imposible ver con calma eso. Y la tensión crecía, porque había una tortura mayor que aquélla: era *saber* que, sin que yo lo viera, él estaba en ese instante con su tic.

¿Comprende usted esto? El, mi amigo, pasaba por lo mismo que yo, pero exactamente con razonamientos al revés... Y teníamos una precaución inmensa en los movimientos, al alzar un porrón de barro, al apartar un plato, al frotar con pausa un fósforo; porque comprendíamos que al menor movimiento brusco hubiéramos saltado como dos fieras.

No comimos más juntos. Vencidos ambos en la primer batalla del mutuo respeto y la tolerancia, el *cafard* se apoderó del todo de nosotros.

Le he contado con detalles este caso porque fue el primero. Hubo cien más. Llegamos a no hablarnos sino lo estrictamente necesario al servicio, dejamos el *tú* y nos tratamos de *usted*. Además, *capitán* y *teniente,* mutuamente. Si por una circunstancia excepcional, cambiábamos más de dos palabras, no nos mirábamos, de mied de ver, flagrante, la provocación en los ojos del otro... Y al no mirarnos sentíamos igualmente la patente hostilidad de esa actitud, atentos ambos al menor gesto, a un mano puesta sobre la mesa, al molinete de una silla que se cambia de lugar, para explotar con loco frenesí.

No podíamos más, y pedimos el relevo.

Abrevio. No sé bien, porque aquellos dos meses últimos fueron una pesadilla, qué pasó en ese tiempo. Recuerdo, sí, que yo, por un esfuerzo final de salud o u comienzo real de locura, me di con alma y vida a cuida de cinco o seis legumbres que defendía a fuerza de dil vios de agua y sábanas mojadas. El, por su parte, y e el otro extremo del fortín, para evitar todo contacto, pu su amor en un chanchito —¡no sé aún de dónde pudo salir!—. Lo que recuerdo muy bien es que una tarde hallé rastros del animal en mi huerta, y cuando llegó esa noche la caravana oficial que nos relevaba, yo estaba agachado, acechando con un fusil al chanchito para matarlo de un tiro.

¿Qué más le puedo decir? ¡Ah! Me olvidaba... Una vez por mes, más o menos, acampaba allí una tribu indígena, cuyas bellezas, harto fáciles, quitaban a nuestra tropa, entre sirocco y sirocco, el último resto de solidez que quedaba a sus nervios. Una de ellas, de alta jerarquía, era realmente muy bella... Figúrese ahora —en este detalle— cuán bien aceitados estarían en estas ocasiones el revólver de mi teniente y el mío...

Bueno, se acabó todo. Ahora estoy aquí, muy tranquilo, tomando caña brasileña con usted, mientras llueve. ¿Desde cuándo? Martes, miércoles... siete días. Y con una buena casa, un excelente amigo, aunque muy joven... ¿Y quiere usted que me pegue un tiro por esto? Tomemos más caña, si le place, y después cenaremos, cosa siempre agradable con un compañero como usted... Mañana —pasado mañana, dicen— debe bajar el *Meteoro*. Se embarca en él y cuando vuelva a hallar pesados estos siete días de lluvia, acuérdese del tic, del *cafard* y del *chanchito*...

¡Ah! Y de mascar constantemente arena, sobre todo cuando se está rabioso... Le aseguro que es una sensación que vale la pena.

El mármol inútil

—¿Usted, comerciante? —exclamé con viva sorpresa dirigiéndome a Gómez Alcain—. ¡Sería digno de verse ¿Y cómo haría usted?

Estábamos detenidos con el escultor ante una figura de mármol, una tarde de exposición de sus obras. Todas las miradas del grupo expresaron la misma risueña certidumbre de que en efecto debía ser muy curioso el ejercicio comercial de un artista tan reconocidamente inútil para ello como Gómez Alcain.

—Lo cierto es —repuso éste, con un cierto orgullo— que ya lo he sido dos veces; y mi mujer también —añadió señalándola.

Nuestra sorpresa subió de punto:

—¿Cómo, señora, usted también? ¿Querría decirnos cómo hizo? Porque…

La joven se reía también de todo corazón.

—Sí, yo también vendía… Pero Héctor les puede contar mejor que yo… El se acuerda de todo.

—¡Desde luego! Si creen ustedes que puede tener interés…

—¿Interés, el comercio ejercido por usted? —exclanamos todos—. ¡Cuente en seguida!

Gómez Alcain nos contó entonces sus dos episodios omerciales, bastante ejemplares, como se verá.

Mis dos empresas —comenzó— acaecieron en el Chao. Durante la primera yo era soltero aún, y fui allá a aíz de mi exposición de 1903. Había en ella mucho márnol y mucho barro, todo el trabajo de tres años de nfermiza actividad. Mis bustos agradaron, mis compoiciones, no. De todos modos, aquellos tres años de arte renético tuvieron por resultado cansarme hasta lo indeible de cuanto trascendiera a celebridades teatrales, crónicas de garden party, críticas de exposiciones y demás.

Entonces llegó hasta mí desde el Chaco un viejo coocido que trabajaba allá hacía cuatro años. El hombre quel —un hombre entusiasta, si lo hay— me habló de u vida libre, de sus plantaciones de algodón. Aunque resté mucha atención a lo primero, la agricultura aquela no me interesó mayormente. Pero cuando por mera uriosidad pedí datos sobre ella, perdí el resto de senido comercial que podía quedarme.

Vean ustedes cómo me planteé la especulación:

Una hectárea admite quince mil algodoneros, que prolucen en un buen año tres mil kilos de algodón. El ilo de capullos se vende a diez y ocho centavos, lo que la quinientos cuarenta pesos por hectárea. Como por azón de gastos treinta hectáreas pedían el primer año eis mil doscientos pesos, me hallaría yo, al final de la rimera cosecha, con diez mil pesos de ganancia. El seundo año plantaría cien hectáreas, y el tercero, dosientas. No pasaría de este número. Pero ellas me darían ien mil pesos anuales, lo suficiente para quedar libre le exposiciones, crónicas, cronistas y dueños de salones.

Así decidido, vendí en siete mil pesos todo lo que me uedaba de la exposición —casi todo, por lo pronto. Como ven ustedes, emprendía un negocio nuevo, lejano difícil, con la cantidad justa, pues los ochocientos peos sobrantes desaparecieron antes de ponerme en viaje: or aquí comenzaba mi sabiduría comercial.

Lo que vino luego es más curioso. Me construí un edificio muy raro, con algo de rancho y mucho de semáforo; hice un carrito de asombrosa inutilidad, y planté cien palmeras alrededor de mi casa. Pero en cuanto a lo fundamental de mi ida allá, apenas me quedó capital para plantar diez hectáreas de algodón, que por razones de sequía y mala semilla, resultaron en realidad cuatro o cinco.

Todo esto podía, sin embargo, pasar por un relativo éxito; hasta que llegó el momento de la recolección. Ustedes deben de saber que éste es el real escollo del algodón: la carestía y precio excesivo del brazo. Yo lo supe entonces, y a duras penas conseguí que cinco indios viejos recogieran mis capullos, a razón de cinco centavos por kilo. En Estados Unidos, según parece, es común la recolección de quince a veinte kilos diarios por persona. Mis indios recogían apenas seis o siete. Me pidieron luego un aumento de dos centavos, y accedí, pues las lluvias comenzaban y el capullo sufre mucho con ellas.

No mejoraban las cosas. Los indios llegaban a las nueve de la mañana, por temor del rocío en los pies, y se iban a las doce. No volvían de tarde. Cambié de sistema, y los tomé por día, pensando así asegurar —aunque cara— la recolección. Trabajaban todo el día, pero me presentaban dos kilos de mañana y tres de tarde.

Como ven, los cinco indios viejos me robaban descaradamente. Llegaron a recogerme cuatro kilos diarios por cabeza, y entonces, exasperado con toda esa bellaquería de haraganes, resolví desquitarme.

Yo había notado que los indios —salvo excepciones— no tienen la más vaga idea de los números. Al principio sufrí fuertes chascos.

—¿Qué vale esto? —había preguntado a uno de ellos que venía a ofrecerme un cuero de ciervo.

—Veinte pesos —me respondió.

Claro es, rehusé. Llegó otro indio, días después, con un arco y flechas: aquello valía veinte pesos, siendo así que dos es un precio casi excesivo.

No era posible entenderse con aquellos audaces es-
eculadores. Hasta que un capataz de obraje me dio la
lave del mercado. Fui en consecuencia a ver al indio
e los arcos y le pedí nuevo precio.

—Veinte pesos —me repitió.

—Aquí están —le dije, poniéndole dos pesos en la
nano. Quedó perfectamente seguro de que recibía sus
einte pesos.

Aún más: a cierto diablo que me pedía cinco pesos
or un cachorro de aguará, le puse en la mano con
ento énfasis tres monedas de diez centavos:

—Uno… tres… cinco… Cinco pesos; aquí están los
inco pesos.

El vendedor quedó luminosamente convencido. Un mo-
nento después, so pretexto de equivocación, le completé
u precio. Y aun creyó acaso —por nativa desconfianza
lel hombre blanco—, que la primera cuenta hubiera sido
nás provechosa para él.

Esta ignorancia se extiende desde luego a la romana,
alanza usual en las pesadas de algodón. Para mi des-
uite de que he hablado, era necesario tomar de nuevo
os peones a tanto el kilo. Así lo hice, y la primera tarde
omencé. La bolsa del primero acusaba seis kilos.

—Cuatro kilos: veintiocho centavos —le dije.

El segundo había recogido cuatro kilos; le acusé dos.
El tercero, seis; le acusé tres. Al cuarto, en vez de siete,
inco. Y el quinto, que me había recogido cinco, le conté
ólo dos. De este modo, en un solo día, había recuperado
etenta centavos. Pensaba firmemente resarcirme con este
istema de las pillerías y los adelantos.

Al día siguiente hice lo mismo. «Si hay una cosa lícita,
ne decía yo, es lo que hago. Ellos me roban con toda
onciencia, riéndose evidentemente de mí, y nada más
usto que compensar con la merma de su jornal el dinero
que me llevan.»

Pero cierto malhumor que ya había comenzado en la
egunda operación, subió del todo en la tercera. Sentía
honda rabia contra los indios, y en vez de aplacarse ésta
con mi sistema de desquite, se exasperaba más. Tanto

creció este hondo disgusto, que al cuarto día acusé a primer indio el peso cabal, e hice lo mismo con el segundo. Pero la rabia crecía. Al tercer indio le aument dos kilos; al cuarto, tres, y al quinto, ocho kilos.

Es que a pesar de las razones en que me apoyaba, y estaba sencillamente robando. No obstante los justificativos que me dieran las doscientas legislaciones del mundo, yo no dejaba de robar. En el fondo, mi famosa compensación no encerraba ni una pizca más del valor mora que el franco robo de los indios. De aquí mi rabia contr mí mismo.

A la siguiente tarde aumenté de igual modo las pesadas de algodón, con lo que al final pagué más de lo convenido, perdí los adelantos y la confianza de los indios que llegaron a darse cuenta, por las inesperadas oscilaciones del peso, de que yo y mi romana éramos dos raros sujetos.

Este es mi primer episodio comercial. El segundo fue más productivo.

Mi mujer tuvo siempre la convicción de que yo soy de una nulidad única en asunto de negocios.

—Todo cuanto emprendas te saldrá mal —me decía—. Tú no tienes absoluta idea de lo que es el dinero. Acuérdate de la harina.

Esto de la harina pasó así: Como mis peones se abastecían en el almacén de los obrajes vecinos, supuse que proveyéndome yo de lo elemental —yerba, grasa, harina— podría obtener un veinte por ciento de utilidad sobre el sueldo de los peones. Esto es cuerdo. Pero cuando tuve los artículos en casa y comencé a vender la harina a un precio que yo recordaba de otras casas, fui muy contento a ver a mi mujer.

—¡Fíjate! —le dije—. Vamos a ahorrar una porción de pesos con este sistema. Ya hemos ganado cuarenta centavos con estos kilos de harina.

Me quedé mirándola. Lo cierto es que yo no sabía lo que me costaba, pues ni aun siquiera había echado el ojo sobre la factura.

Esta es la historia de la harina. Mi mujer me la recordaba siempre, y aunque me era forzoso darle la razón, el demonio del comercio que he heredado de mi padre me tentaba como un fruto prohibido.

Hasta que un día a ambos —pues yo conté en esta aventura con la complicidad de mi mujer— se nos ocurrió una empresa: abrir un restaurante para peones. En vez de las sardinas, chipas o malos asados que los que no tienen familia o viven lejos comen en el almacén de los obrajes, nosotros les daríamos un buen puchero que los nutriría, y a bajo precio. No pretendíamos ganar nada; y en negocios así —según mi mujer— había cierta probabilidad de que me fuera bien.

Dijimos a los peones que podrían comer en casa, y pronto acudieron otros de los obrajes próximos. Los tres primeros días todo fue perfectamente. Al cuarto vino a verme un peón de miserable flacura.

—Mirá, patrón —me dijo—. Yo voy a comer en tu casa si querés, pero no te podré pagar. Me voy el otro mes a Corrientes porque el chucho... He estado veinte días tirado... Ahora no puedo mover mi hacha. Si vuelvo, te pagaré.

Consulté a mi mujer.

—¿Qué te parece? —le dije—. El diablo éste no nos pagará nunca.

—Parece tener mucha hambre... —murmuró ella.

El sujeto comió un mes entero y se fue para siempre.

En ese tiempo llegó cierta mañana un peón indio con una criatura de cinco años, que miró comer a su padre con inmensos ojos de gula.

—¡Pero esa criatura! —me dijo mi mujer—. ¡Es un crimen hacerla sufrir así!

Se sirvió al chico. Era muy mono, y mi mujer lo acarició al irse.

—¿Tienes hambre aún?

—Sí, ¡hame! —respondió con toda la boca el hombrecito.

—¡Pero ha comido un plato lleno! —se sorprendió mi mujer.

—Sí, ¡pato! En casa... ¡hame!

—¡Ah, en tu casa! ¿Son muchos?

El padre entonces intervino. Eran ocho criaturas, y a veces él estaba enfermo y no podía trabajar. Entonces... ¡mucha hambre!

—¡Me lo figuro! —murmuró mi mujer mirándome. Dio al chico tasajo, galletitas, y a más dos latas de jamón del diablo que yo guardaba.

—¡Eh, mi jamón! —le dije rápidamente cuando huía con su robo.

—¿No es nada, verdad? —se rió—. ¡Supón la felicidad de esa pobre gente con esto!

Al otro día volvió el indio con dos nuevos hijos, y como mi mujer no es capaz de resistir a una cara de hambre, todos comieron. Tan bien, que una semana después nuestra casa estaba convertida en un jardín de infantes. Los buenos peones traían cuanto hijo propio o ajeno les era dado tener. Y si a esto se agregan los muchos sujetos que comprendieron que nada disponía mejor nuestro corazón, que la confesión llana y lisa de tener hambre y carecer al mismo tiempo de dinero, todo esto hizo que al fin de mes nuestro comercio cesara. Teníamos, claro es, un déficit bastante fuerte.

Este fue mi segundo episodio comercial. No cuento el serio —el del algodón— porque éste estaba perdido desde el principio. Perdí allá cuanto tenía, y abandonando todo lo que habíamos construido en tierra arrendada, volvimos a Buenos Aires. Ahora —concluyó señalando con la cabeza sus mármoles— hago de nuevo esto.

—¡Y aquí no cabe comercio! —exclamó con fugitiva sonrisa un oyente.

Gómez Alcain lo miró como hombre que al hablar con tranquila seriedad se siente por encima de todas las ironías:

—Sí, cabe —repuso—. Pero no yo.

Gloria tropical

Un amigo mío se fue a Fernando Póo y volvió a los cinco meses, casi muerto.

Cuando aún titubeaba en emprender la aventura, un viajero comercial, encanecido de fiebres y contrabandos coloniales, le dijo:

—¿Piensa usted entonces en ir a Fernando Póo? Si va, no vuelve, se lo aseguro.

—¿Por qué? —objetó mi amigo—. ¿Por el paludismo? Usted ha vuelto, sin embargo. Y yo soy americano.

A lo que el otro respondió:

—Primero, si yo no he muerto allá, sólo Dios sabe por qué, pues no faltó mucho. Segundo, el que usted sea americano no supone gran cosa como preventivo. He visto en la cuenca del Níger varios brasileños de Manaos, y en Fernando Póo infinidad de antillanos, todos muriéndose. No se juega con el Níger. Usted, que es joven, juicioso y de temperamento tranquilo, lleva bastantes probabilidades de no naufragar en seguida. Un consejo: no cometa desarreglos ni excesos de ninguna especie; ¡usted me entiende! Y ahora, felicidad.

Hubo también un arboricultor que miró a mi amigo con ojillos húmedos de enternecimiento.

—¡Cómo lo envidio, amigo! ¡Qué dicha la suya en aquel esplendor de naturaleza! ¿Sabe usted que allá los duraznos prenden de gajo? ¿Y los damascos? ¿Y los guayabos? Y aquí, enloqueciéndonos de cuidados... ¿Sabe que las hojas caídas de los naranjos brotan, echan raíces? ¡Ah, mi amigo! Si usted tuviera gusto para plantar allí...

—Parece que el paludismo no me dejará mucho tiempo —objetó tranquilamente mi amigo, que en realidad amaba mucho sembrar.

—¡Qué paludismo! ¡Eso no es nada! Una buena plantación de quina y todo está concluido... ¿Usted sabe cuánto necesita allá para brotar un poroto?...

Málter —así se llamaba mi amigo— se marchó al fin. Iba con el más singular empleo que quepa en el país del tsé-tsé y los gorilas: el de dactilógrafo. No es posiblemente común en las factorías coloniales un empleado cuya misión consiste en anotar, con el extremo de los dedos, cuántas toneladas de maní y de aceite de palma se remiten a Liverpool. Pero la casa, muy fuerte, pagábase el lujo. Y luego, Málter era un prodigio de golpe de vista y rapidez. Y si digo *era* se debe a que las fiebres han hecho de él una quisicosa trémula que no sirve para nada.

Cuando regresó de Fernando Póo a Montevideo, sus amigos paseaban por los muelles haciendo conjeturas sobre cómo volvería Málter. Sabíamos que había habido fiebres y que el hombre no podía, por lo tanto, regresar en el esplendor de su bella salud normal. Pálido, desde luego. ¿Pero qué más?

El ser que vieron avanzar a su encuentro era un cadáver amarillo, con un pescuezo de desmesurada flacura, que danzaba dentro del cuello postizo, dando todo él, en la expresión de los ojos y la dificultad de paso, la impresión de un pobre viejo que ya nunca más volvería a ser joven. Sus amigos lo miraban mudos.

—Creía que bastaba cambiar de aire para curar la fiebre... —murmuró alguno. Málter tuvo una sonrisa triste.

—Casi siempre. Yo no... —repuso castañeteando los dientes.

Muchísimo más había castañeteado en Fernando Póo. Llegado que hubo a Santa Isabel, capital de la isla, se instaló en el pontón que servía de sede comercial a la casa que lo enviaba. Sus compañeros —sujetos aniquilados por la anemia— mostráronse en seguida muy curiosos.

—Usted ha tenido fiebre ya, ¿no es verdad? —le preguntaron.

—No, nunca —repuso Málter—. ¿Por qué?

Los otros lo miraron con más curiosidad aún.

—Porque aquí la va a tener. Aquí todos la tienen. ¿Usted sabe cuál es el país en que abundan más las fiebres?

—Las bocas del Níger, he oído...

—Es decir, estas inmediaciones. Solamente una persona que ya ha perdido el hígado o estima su vida en menos que un coco es capaz de venir aquí. ¿No se animaría usted a regresar a su país? Es un sano consejo.

Málter respondió que no, por varios motivos que expuso. Además confiaba en su buena suerte. Sus compañeros se miraron con unánime sonrisa y lo dejaron en paz.

Málter escribió, anotó y copió cartas y facturas con asiduo celo. No bajaba casi nunca a tierra. Al cabo de dos meses, como comenzara a fatigarse de la monotonía de su quehacer, recordó, con sus propias aficiones hortícolas, el entusiasmo del arboricultor amigo.

—¡Nunca se me ha ocurrido cosa mejor! —se dijo Málter contento.

El primer domingo bajó a tierra y comenzó su huerta. Terreno no faltaba, desde luego, aunque, por razones de facilidad, eligió un área sobre toda la costa misma. Con verdadera pena debió machetear a ras del suelo un espléndido bambú que se alzaba en medio del terreno. Era un crimen; pero las raicillas de sus futuros porotos lo exigían. Luego cercó su huerta con varas recién cortadas, de las que usó también para la división de los canteros, y luego como tutores. Sembradas al fin sus semillas, esperó.

Esto, claro es, fue trabajo de más de un día. Málter bajaba todas las tardes a vigilar su huerta —o, mejor dicho, pensaba hacerlo así—, porque al tercer día, mientras regaba, sintió un ligero hormigueo en los dedos del pie. Un momento después sintió el hormigueo en toda la espalda. Málter constató que tenía la piel extremadamente sensible al contacto de la ropa. Continuó asimismo regando, y media hora después sus compañeros lo veían llegar al pontón, tiritando.

—Ahí viene el americano refractario al chucho —dijeron con pesada risa los otros—. ¿Qué hay, Málter? ¿Frío? Hace treinta y nueve grados.

Pero a Málter los dientes le castañeteaban de tal modo, que apenas podía hablar, y pasó de largo a acostarse.

Durante quince días de asfixiante calor estuvo estirado a razón de tres accesos. Los escalofríos eran tan violentos, que sus compañeros sentían, por encima de sus cabezas, el bailoteo del catre.

—Ya empieza Málter —exclamaban levantando los ojos al techo.

En la primera tregua Málter recordó su huerta y bajó a tierra. Halló todas sus semillas brotadas y ascendiendo con sorprendente vigor. Pero al mismo tiempo todos los tutores de sus porotos habían prendido también, así como las estacas de los canteros y del cerco. El bambú, con cinco espléndidos retoños, subía a un metro.

Málter, bien que encantado de aquel ardor tropical, tuvo que arrancar una por una sus inesperadas plantas, rehizo todo y empleó, al fin, una larga hora en extirpar la mata de bambú a fondo de azada.

En tres días de sol abierto, sus porotos ascendieron n un verdadero vértigo vegetativo, todo hasta que un gero cosquilleo en la espalda advirtió a Málter que ebía volver en seguida al pontón.

Sus compañeros, que no lo habían visto subir, sinieron de pronto que el catre se sacudía.

—¡Calle! —exclamaron alzando la cabeza—. El ameicano está otra vez con frío.

Con esto, los delirios abrumadores que las altas fieres de la Guinea no escatiman. Málter quedaba posrado de sudor y cansancio, hasta que el siguiente aceso le traía nuevos témpanos de frío con cuarenta y res a la sombra.

Dos semanas más y Málter abrió la puerta de la caina con una mano que ya estaba flaca y tenía las ñas blancas. Bajó a su huerta y halló que sus poroos trepaban con enérgico brío por los tutores. Pero stos habían prendido todos, como las estacas que diidían los canteros, y como las que cercaban la huerta. xactamente como la vez anterior. El bambú destroado, extirpado, ascendía en veinte magníficos retoños dos metros de altura.

Málter sintió que la fatalidad lo llevaba rápidamente e la mano. ¿Pero es que en aquel país prendía todo e gajo? ¿No era posible contener aquello? Málter, orfiado ya, se propuso obtener únicamente porotos, on prescindencia absoluta de todo árbol o bambú. Arranó de nuevo todo, reemplazándolo, tras prolijo examen, on varas de cierto vecino árbol deshojado y leproso. ara mayor eficacia, las clavó al revés. Luego, con pala e media punta y hacha de tumba, ocasionó tal deserfecto al raigón del bambú, que esperó en definitiva az agrícola un nuevo acceso.

Y éste llegó, con nuevos días de postración. Llegó luego tregua, y Málter bajó a su huerta. Los porotos subían empre. Pero los gajos leprosos y clavados a contravia habían prendido todos. Entre las legumbres, y gujereando la tierra con sus agudos brotes, el bambú aniquilado echaba al aire triunfantes retoños, como mons truosos y verdes habanos.

Durante tres meses la fiebre se obstinó en destrui toda esperanza de salud que el enfermo pudiera con servar para el porvenir, y Málter se empeñó a su ve en evitar que las estacas más resecas, reviviendo en lus trosa brotación, ahogaran a sus porotos.

Sobrevinieron entonces las grandes lluvias de junic No se respiraba sino agua. La ropa se enmohecía sobr el cuerpo mismo. La carne se pudría en tres horas y e chocolate se licuaba con frío olor de moho.

Cuando, por fin, su hígado no fue más que una cos informe y envenenada y su cuerpo no pareció sino u esqueleto febril, Málter regresó a Montevideo. De s organismo refractario al chucho dejaba allá su juven tud entera —y la salud para siempre jamás—. De su afanes hortícolas en tierra fecunda, quedaba un viver de lujuriosos árboles, entre el yuyo invasor que creci ahora trece milímetros por día.

Poco después, el arboricultor dio con Málter, y s pasmo ante aquella ruina fue grande.

—Pero allá —interrumpió, sin embargo— aquello e maravilloso, ¿eh? ¡Qué vegetación! ¿Hizo algún ensayo no es cierto?

Málter, con una sonrisa de las más tristes, asintió co la cabeza. Y se fue a su casa a morir.

El yaciyateré

Cuando uno ha visto a un chiquilín reírse a las dos le la mañana como un loco, con una fiebre de cuarenta , dos grados, mientras afuera ronda un yaciyateré, se ıdquiere de golpe sobre las supersticiones ideas que ,an hasta el fondo de los nervios.

Se trata aquí de una simple superstición. La gente lel Sur dice que el yaciyateré es un pajarraco desgarıado que canta de noche. Yo no lo he visto, pero lo ıe oído mil veces. El cantito es muy fino y melancóico. Repetido y obsediante, como el que más. Pero en l Norte, el yaciyateré es otra cosa.

Una tarde, en Misiones, fuimos un amigo y yo a proıar una vela nueva en el Paraná, pues la latina no ıos había dado resultado con un río de corriente feroz en una canoa que rasaba el agua. La canoa era tamıién obra nuestra, construida en la bizarra proporción le 1:8. Poco estable, como se ve, pero capaz de filar omo una torpedera.

Salimos a las cinco de la tarde, en verano. Desde la ıañana no había viento. Se aprontaba una magnífica tormenta, y el calor pasaba de lo soportable. El río corría untuoso bajo el cielo blanco. No podíamos quitarnos un instante los anteojos amarillos, pues la doble reverberación de cielo y agua enceguecía. Además, principio de jaqueca en mi compañero. Y ni el más leve soplo de aire.

Pero una tarde así en Misiones, con una atmósfera de ésas tras cinco días de viento norte, no indica nada bueno para el sujeto que está derivando por el Paraná en canoa de carrera. Nada más difícil, por otro lado, que remar en ese ambiente.

Seguimos a la deriva, atentos al horizonte del sur, hasta llegar al Teyucuaré. La tormenta venía.

Estos cerros de Teyucuaré, tronchados a pico sobre el río en enormes cantiles de asperón rosado, por los que se descuelgan las lianas del bosque, entran profundamente en el Paraná formando hacia San Ignacio una honda ensenada, a perfecto resguardo del viento sur. Grandes bloques de piedra desprendidos del acantilado erizan el litoral, contra el cual el Paraná entero tropieza, remolinea y se escapa por fin aguas abajo, en rápidos agujereados de remolinos. Pero desde el cabo final, y contra la costa misma, el agua remansa lamiendo lentamente el Teyucuaré hasta el fondo del golfo.

En dicho cabo, y a resguardo de un inmenso bloque para evitar las sorpresas del viento, encallamos la canoa y nos sentamos a esperar. Pero las piedras barnizadas quemaban literalmente, aunque no había sol, y bajamos a aguardar en cuclillas a orillas del agua.

El sur, sin embargo, había cambiado de aspecto. Sobre el monte lejano, un blanco rollo de viento ascendía en curva, arrastrando tras él un toldo azul de lluvia. El río, súbitamente opaco, se había rizado.

Todo esto es rápido. Alzamos la vela, empujamos la canoa, y bruscamente, tras el negro bloque, el viento pasó rapando el agua. Fue una sola sacudida de cinco segundos; y ya había olas. Remamos hacia la punta de la restinga, pues tras el parapeto del acantilado no se movía aún una hoja. De pronto cruzamos la línea —imanaria, si se quiere, pero perfectamente definida—, y viento nos cogió.

Véase ahora: nuestra vela tenía tres metros cuadra-os, lo que es bien poco, y entramos con 35 grados en viento. Pues bien; la vela voló, arrancada como un mple pañuelo y sin que la canoa hubiera tenido tiempo : sentir la sacudida. Instantáneamente el viento nos rastró. No mordía sino en nuestros cuerpos: poca vela, mo se ve, pero era bastante para contrarrestar re-os, timón, todo lo que hiciéramos. Y ni siquiera de pa; nos llevaba de costado, borda tumbada como una sa náufraga.

Viento y agua, ahora. Todo el río, sobre la cresta de s olas, estaba blanco por el chal de lluvia que el viento vaba de una ola a otra, rompía y anudaba en bruscas cudidas convulsivas. Luego, la fulminante rapidez con ıe se forman las olas a contracorriente en un río que da fondo allí a sesenta brazas. En un solo minuto Paraná se había transformado en un mar huraca-do, y nosotros, en dos náufragos, íbamos siempre em-ıjados de costado, tumbados, cargando veinte litros de ua a cada golpe de ola, ciegos de agua, con la cara lorida por los latigazos de la lluvia y temblando de io.

En Misiones, con una tempestad de verano, se pasa ıy fácilmente de cuarenta grados a quince, y en un solo arto de hora. No se enferma nadie, porque el país es í, pero se muere uno de frío.

Plena mar, en fin. Nuestra única esperanza era la aya de Blosset —playa de arcilla, felizmente—, contra cual nos precipitábamos. No sé si la canoa hubiera sistido a flote un golpe de agua más; pero cuando una a nos lanzó a cinco metros dentro de tierra, nos con-leramos bien felices. Aun así tuvimos que salvar la noa, que bajaba y subía al pajonal como un corcho, ientras nos hundíamos en la arcilla podrida y la lluvia s golpeaba como piedras.

Salimos de allí; pero a las cinco cuadras estábamos ıertos de fatiga —bien calientes esta vez—. ¿Continuar por la playa? Imposible. Y cortar el monte en u noche de tinta, aunque se tenga un Collins en la man es cosa de locos.

Esto hicimos, no obstante. Alguien ladró de pron —o, mejor, aulló; porque los perros de monte só aúllan—, y tropezamos con un rancho. En el ranc habría, no muy visibles a la llama del fogón, un peó su mujer y tres chiquilines. Además, una arpillera te dida como hamaca, dentro de la cual una criatura moría con un ataque cerebral.

—¿Qué tiene? —preguntamos.

—Es un daño —respondieron los padres, después volver un instante la cabeza a la arpillera.

Estaban sentados, indiferentes. Los chicos, en ca bio, eran todo ojos hacia afuera. En ese momento, jos, cantó el yaciyateré. Instantáneamente los much chos se taparon cara y cabeza con los brazos.

—¡Ah! El yaciyateré —pensamos—. Viene a buscar chiquilín. Por lo menos lo dejará loco.

El viento y el agua habían pasado, pero la atmósfe estaba muy fría. Un rato después, pero mucho más cerc el yaciyateré cantó de nuevo. El chico enfermo se agi en la hamaca. Los padres miraban siempre el fogó indiferentes. Les hablamos de paños de agua fría en cabeza. No nos entendían, ni valía la pena, por lo dem ¿Qué iba a hacer eso contra el yaciyateré?

Creo que mi compañero había notado, como yo, agitación del chico al acercarse el pájaro. Proseguim tomando mate, desnudos de cintura arriba, mientr nuestras camisas humeaban secándose contra el fueg No hablábamos; pero en el rincón lóbrego se veían m bien los ojos espantados de los muchachos.

Afuera, el monte goteaba aún. De pronto, a med cuadra escasa, el yaciyateré cantó. La criatura enfer respondió con una carcajada.

Bueno. El chico volaba de fiebre porque tenía una m ningitis y respondía con una carcajada al llamado d yaciyateré.

Nosotros tomábamos mate. Nuestras camisas se seca-
ın. La criatura estaba ahora inmóvil. Sólo de vez en
ıando roncaba, con un sacudón de cabeza hacia atrás.
Afuera, en el bananal esta vez, el yaciyateré cantó.
ı criatura respondió en seguida con otra carcajada. Los
uchachos dieron un grito y la llama del fogón se apagó.
A nosotros, un escalofrío nos corrió de arriba abajo.
lguien, que cantaba afuera, se iba acercando, y de
to no había duda. Un pájaro; muy bien y nosotros
sabíamos. Y a ese pájaro que venía a robar o enlo-
ıecer a la criatura, la criatura misma respondía con
ıa carcajada a cuarenta y dos grados.
La leña húmeda llameaba de nuevo, y los inmensos
ɔs de los chicos lucían otra vez. Salimos un instante
uera. La noche había aclarado, y podríamos encon-
ar la picada. Algo de humo había todavía en nuestras
misas; pero cualquier cosa antes que aquella risa de
eningitis...
Llegamos a las tres de la mañana a casa. Días des-
ıés pasó el padre por allí, y me dijo que el chico se-
ía bien, y que se levantaba ya. Sano, en suma.
Cuatro años después de esto, estando yo allá, debí
ntribuir a levantar el censo de 1914, correspondién-
me el sector Yabebirí-Teyucuaré. Fui por agua, en
misma canoa, pero esta vez a simple remo. Era tam-
én de tarde.
Pasé por el rancho en cuestión y no hallé a nadie.
vuelta, y ya al crepúsculo, tampoco vi a nadie. Pero
inte metros más adelante, parado en el ribazo del
royo y contra el bananal obscuro, estaba un mucha-
o desnudo, de siete a ocho años. Tenía las piernas
mamente flacas —los muslos más aún que las pan-
rrillas— y el vientre enorme. Llevaba una vara de
scar en la mano derecha, y en la izquierda sujetaba
ıa banana a medio comer. Me miraba inmóvil, sin
cidirse a comer ni a bajar del todo el brazo.
Le hablé, inútilmente. Insistí aún, preguntándole por
s habitantes del rancho. Echó, por fin, a reír, mien-

tras le caía un espeso hilo de baba hasta el vientr Era el muchacho de la meningitis.

Salí de la ensenada: el chico me había seguido fu tivamente hasta la playa, admirando con abiertos oj mi canoa. Tiré los remos y me dejé llevar por el r manso, a la vista siempre del idiota crepuscular, qu no se decidía a concluir su banana por admirar la can blanca.

Los fabricantes de carbón

Los dos hombres dejaron en tierra al artefacto de cinc se sentaron sobre él. Desde el lugar donde estaban, la trinchera, había aún treinta metros y el cajón peba. Era esa la cuarta detención —y la última—, pues uy próxima la trinchera alzaba su escarpa de tierra ja.

Pero el sol de mediodía pesaba también sobre la caza desnuda de los dos hombres. La cruda luz lavaba paisaje en un amarillo lívido de eclipse, sin sombras relieves. Luz de sol meridiano, como el de Misiones, que las camisas de los dos hombres deslumbraban.

De vez en cuando volvían la cabeza al camino recoido, y la bajaban en seguida, ciegos de luz. Uno de os, por lo demás, ostentaba en las precoces arrugas en las infinitas patas de gallo el estigma del sol trocal. Al rato ambos se incorporaron, empuñaron de ievo la angarilla, y paso tras paso, llegaron por fin. tiraron entonces de espaldas a pleno sol, y con el azo se taparon la cara.

El artefacto, en efecto, pesaba, cuanto pesan cuat: chapas galvanizadas de catorce pies, con el refuerzo cincuenta y seis pies de hierro L y hierro T de pulga y media. Técnica dura, ésta, pero que nuestros hor bres tenían grabada hasta el fondo de la cabeza, pc que el artefacto en cuestión era una caldera para f bricar carbón que ellos mismos habían construido la trinchera no era otra cosa que el horno de calefa ción circular, obra también de su solo trabajo. Y, fin, aunque los dos hombres estaban vestidos como pe nes y hablaban como ingenieros, no eran ni ingenier ni peones.

Uno se llamaba Duncan Dréver, y Marcos Rienzi, otro. Padres ingleses e italianos, respectivamente, s que ninguno de los dos tuviera el menor prejuicio se timental hacia su raza de origen. Personificaban así t tipo de americano que ha espantado a Huret, con tantos otros: el hijo de europeo que se ríe de su patr heredada con tanta frescura como de la suya propia.

Pero Rienzi y Dréver, tirados de espaldas, el bra sobre los ojos, no se reían en esa ocasión, porque e taban hartos de trabajar desde las cinco de la maña y desde un mes atrás, bajo un frío de cero grado l más de las veces.

Esto era en Misiones. A las ocho, y hasta las cuat de la tarde, el sol tropical hacía de las suyas, pero ap nas bajaba el sol, el termómetro comenzaba a caer c él, tan velozmente que se podía seguir con los ojos descenso del mercurio. A esa hora el país comenza a helarse literalmente; de modo que los treinta grados c mediodía se reducían a cuatro a las ocho de la noch para comenzar a las cuatro de la mañana el galo descendente: —1, —2, —3. La noche anterior había b jado a 4, con la consiguiente sacudida de los conocimie tos geográficos de Rienzi, que no concluía de orientar en aquella climatología de carnaval, con la que po tenían que ver los informes meteorológicos.

—Este es un país subtropical de calor asfixiante — cía Rienzi tirando el cortafierro quemante de frío

ndose a caminar—. Porque antes de salir el sol, en la
numbra glacial del campo escarchado, un trabajo a
erro vivo despelleja las manos con harta facilidad.

Dréver y Rienzi, sin embargo, no abandonaron una
la vez su caldera en todo ese mes, salvo los días de
ıvia, en que estudiaban modificaciones sobre el plano,
uertos de frío. Cuando se decidieron por la destila-
ón en vaso cerrado, sabían ya prácticamente a qué
enerse respecto de los diversos sistemas a fuego di-
cto —incluso el de Schwartz—. Puestos de firme en
ı caldera, lo único que no había variado nunca era
capacidad: 1.400 cm^3. Pero forma, ajuste, tapas,
ámetro del tubo de escape, condensador, todo había
do estudiado y reestudiado cien veces. De noche, al
ostarse, se repetía siempre la misma escena. Habla-
an un rato en la cama de a ó b, cualquier cosa que
ada tenía que ver con su tarea del momento. Cesaba
conversación, porque tenían sueño. Así al menos lo
eían ellos. A la hora de profundo silencio, uno le-
ıntaba la voz:

—Yo creo que diez y siete debe ser bastante.

—Creo lo mismo —respondía en seguida el otro.

—¿Diez y siete qué? Centímetros, remaches, días, in-
rvalos, cualquier cosa. Pero ellos sabían perfectamente
ıe se trataba de su caldera y a qué se referían.

Un día, tres meses atrás, Rienzi había escrito a Dré-
er desde Buenos Aires, diciéndole que quería ir a
lisiones. ¿Qué se podía hacer? El creía que a despecho
las aleluyas nacionales sobre la industrialización del
ıís, una pequeña industria, bien entendida, podría dar
sultado por lo menos durante la guerra. ¿Qué le pa-
cía esto?

Dréver contestó: «Véngase, y estudiaremos el asunto
rbón y alquitrán.»

A lo que Rienzi repuso embarcándose para allá.

Ahora bien; la destilación a fuego de la madera es
ı problema interesante de resolver, pero para el cual

se requiere un capital bastante mayor del que podí disponer Dréver. En verdad, el capital de éste consistí en la leña de su monte, y el recurso de sus herramienta Con esto, cuatro chapas que le habían sobrado al arma el galpón, y la ayuda de Rienzi, se podía ensayar.

Ensayaron, pues. Como en la destilación de la mader los gases no trabajaban a presión, el material aquél le bastaba. Con hierros T para la armadura y L para la bocas, montaron la caldera rectangular de 4,20 × 0,7 metros. Fue un trabajo prolijo y tenaz, pues a más d las dificultades técnicas debieron contar con las derivada de la escasez de material y de una que otra herramient El ajuste inicial, por ejemplo, fue un desastre: imposibl pestañar aquellos bordes quebradizos, y poco menos qu en el aire. Tuvieron, pues, que ajustarla a fueza de re maches, a uno por centímetro, lo que da 1.680 para l sola unión longitudinal de las chapas. Y como no tenía remaches, cortaron 1.680 clavos —y algunos centenare más para la armadura.

Rienzi remachaba de afuera. Dréver, apretado dentr de la caldera, con las rodillas en el pecho, soportaba e golpe. Y los clavos, sabido es, sólo pueden ser remacha dos a costa de una gran paciencia que a Dréver, all adentro, se le escapaba con rapidez vertiginosa. A l hora turnaban, y mientras Dréver salía acalambrado doblado, incorporándose a sacudidas, Rienzi entraba poner su paciencia a prueba con las corridas del ma tillo por el contragolpe.

Tal fue su trabajo. Pero el empeño en hacer lo qu querían fue asimismo tan serio, que los dos hombre no dejaron pasar un día sin machucarse las uñas. Co las modificaciones sabidas los días de lluvia, y los ine vitables comentarios a medianoche.

No tuvieron en ese mes otra diversión —esto desd el punto de vista urbano— que entrar los domingos d mañana en el monte a punta de machete. Dréver, he cho a aquella vida, tenía la muñeca bastante sólida par no cortar sino lo que quería; pero cuando Rienzi er quien abría monte, su compañero tenía buen cuidad de mantenerse atrás a cuatro o cinco metros. Y no es que el puño de Rienzi fuera malo; pero el machete es cosa de un largo aprendizaje.

Luego, como distracción diaria, tenían la que les proporcionaba su ayudante, la hija de Dréver. Era ésta una rubia de cinco años, sin madre, porque Dréver había enviudado a los tres años de estar allá. El la había criado solo, con una paciencia infinitamente mayor que la que le pedían los remaches de la caldera. Dréver no tenía el carácter manso, y era difícil de manejar. De dónde aquel hombrón había sacado la ternura y la paciencia necesarias para criar solo y hacerse adorar de su hija, no lo sé; pero lo cierto es que cuando caminaban juntos al crepúsculo, se oían diálogos como éste:

—¡Piapiá!

—¡Mi vida...!

—¿Va a estar pronto tu caldera?

—Sí, mi vida.

—¿Y vas a destilar toda la leña del monte?

—No; vamos a ensayar solamente.

—¿Y vas a ganar platita?

—No creo, chiquita.

—¡Pobre piapiacito querido! No podés nunca ganar mucha plata.

—Así es...

—Pero vas a hacer un ensayo lindo, piapiá. ¡Lindo como vos, piapiacito querido!

—Sí, mi amor.

—¡Yo te quiero mucho, mucho, piapiá!

—Sí, mi vida...

Y el brazo de Dréver bajaba por sobre el hombro de su hija y la criatura besaba la mano dura y quebrada de su padre, tan grande que le ocupaba todo el pecho.

Rienzi tampoco era pródigo de palabras, y fácilmente podía considerárseles tipos inabordables. Mas la chica de Dréver conocía un poco a aquella clase de gente, y se reía a carcajadas del terrible ceño de Rienzi, cada vez que éste trataba de imponer con su entrecejo tregua a las diarias exigencias de su ayudante: vueltas de carnero en la gramilla, carreras a babucha, hamaca, trampolín, sube y baja, alambre carril—, sin contar uno que otro jarro de agua a la cara de su amigo, cuando éste, a mediodía, se tiraba al sol sobre el pasto.

Dréver oía un juramento e inquiría la causa.

—¡Es la maldita viejita! —gritaba Rienzi—. No se le ocurre sino...

Pero ante la —bien que remota— probabilidad de una injusticia propia del padre, Rienzi se apresuraba a hacer las paces con la chica, la cual festejaba en cuclillas la cara lavada como una botella de Rienzi.

Su padre jugaba menos con ella; pero seguía con los ojos el pesado galope de su amigo alrededor de la meseta, cargado con la chica en los hombros.

Era un terceto bien curioso el de los dos hombres de grandes zancadas y su rubia ayudante de cinco años, que iban, venían y volvían a ir de la meseta al horno. Porque la chica, criada y educada constantemente al lado de su padre, conocía una por una las herramientas, y sabía qué presión, más o menos, se necesita para partir diez cocos juntos, y a qué olor se le puede llamar con propiedad de piroleñoso. Sabía leer, y escribía todo con mayúsculas.

Aquellos doscientos metros del bungalow al monte fueron recorridos a cada momento mientras se construyó el horno. Con paso fuerte de madrugada, o tardo a mediodía, iban y venían como hormigas por el mismo sendero, con las mismas sinuosidades y la misma curva para evitar el florecimiento de arenisca negra a flor de pasto.

Si la elección del sistema de calefacción les había costado, su ejecución sobrepasó con mucho lo concebido.

Una cosa es en el papel, y otra en el terreno, decía Rienzi con las manos en los bolsillos, cada vez que un laborioso cálculo sobre volumen de gases, toma de aire, superficie de la parrilla, cámara de tiro, se les iba al diablo por la pobreza del material.

Desde luego, se les había ocurrido la cosa más arriesgada que quepa en asuntos de ese orden: calefacción en espiral para una caldera horizontal. ¿Por qué? Tenían ellos sus razones y dejémoselas. Mas lo cierto es que cuando encendieron por primera vez el horno, y acto continuo el humo escapó de la chimenea, después de haberse visto forzado a descender cuatro veces bajo la caldera —al ver esto, los dos hombres se sentaron a fumar sin decir nada, mirando aquello con aire más bien distraído—, el aire de hombres de carácter que ven el éxito de un duro trabajo en el que han puesto todas sus fuerzas.

¡Ya estaba, por fin! Las instalaciones accesorias —condensador de alquitrán y quemador de gases— eran un juego de niños. La condensación se dispuso en ocho bordalesas, pues no tenían agua; y los gases fueron enviados directamente al hogar. Con lo que la chica de Dréver tuvo ocasión de maravillarse de aquel grueso chorro de fuego que salía de la caldera donde no había fuego.

—¡Qué lindo, piapiá! —exclamaba, inmóvil de sorpresa. Y con los besos de siempre a la mano de su padre:

—¡Cuántas cosas sabés hacer, piapiacito querido!

Tras lo cual entraban en el monte a comer naranjas.

Entre las pocas cosas que Dréver tenía en este mundo —fuera de su hija, claro está— la de mayor valor era su naranjal, que no le daba renta alguna, pero que era un encanto de ver. Plantación original de los jesuitas, hace doscientos años, el naranjal había sido invadido y sobrepasado por el bosque, en cuyo «sous-bois», digamos, los naranjos, continuaban enervando el monte de perfume de azahar, que al crepúsculo llegaba hasta los senderos del campo. Los naranjos de Misiones no han conocido jamás enfermedad alguna. Costaría trabajo encontrar una naranja con una sola peca. Y como riqueza de sabor y hermosura aquella fruta no tiene rival.

De los tres visitantes, Rienzi era el más goloso. Comía fácilmente diez o doce naranjas, y cuando volvía a casa llevaba siempre una bolsa cargada al hombro. Es fama allá que una helada favorece a la fruta. En aquellos momentos, a fines de junio, eran ya un almíbar; lo cual reconciliaba un tanto a Rienzi con el frío.

Este frío de Misiones que Rienzi no esperaba y del cual no había oído hablar nunca en Buenos Aires, molestó las primeras hornadas de carbón ocasionándoles un gasto extraordinario de combustible.

En efecto, por razones de organización encendían el horno a las cuatro o cinco de la tarde. Y como el tiempo para una completa carbonización de la madera no baja normalmente de ocho horas, debían alimentar el fuego hasta las doce o la una de la mañana hundidos en el foso ante la roja boca del hogar, mientras a sus espaldas caía una mansa helada. Si la calefacción subía, la condensación se efectuaba a las mil maravillas en el aire de hielo, que les permitía obtener en el primer ensayo un 2 por 100 de alquitrán, lo que era muy halagüeño, vistas las circunstancias.

Uno u otro debía vigilar constantemente la marcha, pues el peón accidental que les cortaba leña persistía en no entender aquel modo de hacer carbón. Observaba atentamente las diversas partes de la fábrica, pero sacudía la cabeza a la menor insinuación de encargarle el fuego.

Era un mestizo de indio, un muchachón flaco, de ralo bigote, que tenía siete hijos y que jamás contestaba de inmediato la más fácil pregunta sin consultar un rato el cielo, silbando vagamente. Después respondía: «Puede ser». En balde le habían dicho que diera fuego sin inquietarse hasta que la tapa opuesta de la caldera chispeara al ser tocado con el dedo mojado. Se reía con ganas, pero no aceptaba. Por lo cual el va y ven de la meseta al monte proseguía de noche, mientras la chica de Dréver, sola en el bungalow se entretenía tras los vidrios en reconocer, al relámpago del hogar, si era su padre o Rienzi quien atizaba el fuego.

Alguna vez, algún turista que pasó de noche hacia el puerto a tomar el vapor que lo llevaría al Iguazú, debió de extrañarse no poco de aquel resplandor que salía de bajo tierra, entre el humo y el vapor de los escapes: mucho de solfatara y un poco de infierno, que iba a herir directamente la imaginación del peón indio.

La atención de éste era vivamente solicitada por la elección del combustible. Cuando descubría en su sector un buen «palo noble para el fuego» lo llevaba en su carretilla hasta el horno impasible, como si ignorara el tesoro que conducía. Y ante el halago de los foguistas, volvía indiferente la cabeza a otro lado —para sonreírse a gusto, según decir de Rienzi.

Los dos hombres se encontraron así un día con tal *stock* de esencias muy combustibles, que debieron disminuir en el hogar la toma de aire, el que entraba ahora silbando y vibraba bajo la parrilla.

Entre tanto, el rendimiento de alquitrán aumentaba. Anotaban los porcentajes en carbón, alquitrán y piroleñoso de las esencias más aptas, aunque todo *grosso modo*. Pero lo que, en cambio, anotaron muy bien fueron los inconvenientes —uno por uno— de la calefacción circular para una caldera horizontal: en esto podían reconocerse maestros. El gasto de combustible poco les interesaba. Fuera de que con una temperatura de 0 grados, las más de las veces, no era posible cálculo alguno.

Ese invierno fue en extremo riguroso, y no sólo en Misiones. Pero desde fines de junio las cosas tomaron un cariz extraordinario, que el país sufrió hasta las raíces de su vida subtropical.

En efecto, tras cuatro días de pesadez y amenaza de gruesa tormenta, resuelta en llovizna de hielo y cielo claro al sur, el tiempo se serenó. Comenzó el frío, calmo y agudo, apenas sensible a mediodía, pero que a las cuatro mordía ya las orejas. El país pasaba sin transición de las madrugadas blancas al esplendor casi mareante de un mediodía invernal en Misiones, para helarse en la obscuridad a las primeras horas de la noche.

La primera mañana de ésas, Rienzi, helado de frío, salió a caminar de madrugada y volvió al rato tan helado como antes. Miró el termómetro y habló a Dréver, que se levantaba.

—¿Sabe qué temperatura tenemos? Seis grados bajo cero.

—Es la primera vez que pasa esto —repuso Dréver.

—Así es —asintió Rienzi—. Todas las cosas que noto aquí pasan por primera vez.

Se refería al encuentro en pleno invierno con una yarará, y donde menos lo esperaba.

La mañana siguiente hubo siete grados bajo cero. Dréver llegó a dudar de su termómetro, y montó a caballo, a verificar la temperatura en casa de dos amigos, uno de los cuales atendía una pequeña estación meteorológica oficial. No había duda: eran efectivamente nueve grados bajo cero; y la diferencia con la temperatura registrada en su casa provenía de que estando la meseta de Dréver muy alta sobre el río y abierta al viento, tenía siempre dos grados menos en invierno y dos más en verano, claro está.

—No se ha visto jamás cosa igual —dijo Dréver, de vuelta, desensillando el caballo.

—Así es —confirmó Rienzi.

Mientras aclaraba al día siguiente, llegó al bungalow un muchacho con una carta del amigo que atendía la estación meteorológica. Decía así:

«Hágame el favor de registrar hoy la temperatura de su termómetro al salir el sol. Anteayer comuniqué la observada aquí, y anoche he recibido un pedido de Buenos Aires de que rectifique en forma la temperatura comunicada. Allá se ríen de los nueve grados bajo cero. ¿Cuánto tiene usted ahora?»

Dréver esperó la salida del sol y anotó en la respuesta: «27 de junio: 9 grados bajo 0».

El amigo telegrafió entonces a la oficina central de 3uenos Aires el registro de su estación: «27 de junio: .1 grados bajo 0».

Rienzi vio algo del efecto que puede tener tal tem- eratura sobre una vegetación casi de trópico; pero le staba reservado para más adelante constatarlo de ple- io. Entre tanto, su atención y la de Dréver se vieron luramente solicitadas por la enfermedad de la hija de ste.

Desde una semana atrás la chica no estaba bien (esto, laro está, lo notó Dréver después, y constituyó uno de os entretenimientos de sus largos silencios). Un poco e desgano, mucha sed, y los ojos irritados cuando corría.

Una tarde, después de almorzar, al salir Dréver afuera ncontró a su hija acostada en el suelo, fatigada. Tenía 9º de fiebre. Rienzi llegó un momento después, y la alló ya en cama, las mejillas abrasadas y la boca abierta.

—¿Qué tiene? —preguntó extrañado a Dréver.

—No sé… treinta y nueve y pico.

Rienzi se dobló sobre la cama.

—¡Hola, viejita! Parece que no tenemos alambre ca- ril, hoy.

La pequeña no respondió. Era característica de la cria- ıra, cuando tenía fiebre, cerrarse a toda pregunta sin bjeto y responder apenas con monosílabos secos, en ue se transparentaba a la legua el carácter del padre.

Esa tarde Rienzi se ocupó de la caldera, pero volvía e rato en rato a ver a su ayudante, que en aquel mo- ıento ocupaba un rinconcito rubio en la cama de su adre.

A las tres, la chica tenía 39,5 y 40 a las seis. Dréver abía hecho lo que se debe hacer en esos casos, incluso l baño.

Ahora bien: bañar, cuidar y atender a una criatura e cinco años en una casa de tablas peor ajustada que na caldera, con un frío de hielo y por dos hombres e manos encallecidas, no es tarea fácil. Hay cuestiones e camisitas, ropas minúsculas, bebidas a horas fijas, etalles que están por encima de las fuerzas de un hombre. Los dos hombres, sin embargo, con los duros brazos arremangados, bañaron a la criatura y la secaron. Hubo, desde luego, que calentar el ambiente con alcohol; y en lo sucesivo, que cambiar los paños de agua fría en la cabeza.

La pequeña había condescendido a sonreírse mientras Rienzi le secaba los pies, lo que pareció a éste de buen augurio. Pero Dréver temía un golpe de fiebre perniciosa, que en temperamentos vivos no se sabe nunca adónde puede llegar.

A las siete la temperatura subió a 40,8, para descender a 39 en el resto de la noche y montar de nuevo a 40,3 a la mañana siguiente.

—¡Bah! —decía Rienzi con aire despreocupado—. La viejita es fuerte, y no es esta fiebre la que la va a tumbar.

Y se iba a la caldera silbando, porque no era cosa de ponerse a pensar estupideces.

Dréver no decía nada. Caminaba de un lado para otro en el comedor, y sólo se interrumpía para entrar a ver a su hija. La chica, devorada de fiebre, persistía en responder con monosílabos secos a su padre.

—¿Cómo te sientes, chiquita?

—Bien.

—¿No tienes calor? ¿Quieres que te retire un poco la colcha?

—No.

—¿Quieres agua?

—No.

Y todo sin dignarse volver los ojos a él.

Durante seis días Dréver durmió un par de horas de mañana, mientras Rienzi lo hacía de noche. Pero cuando la fiebre se mantenía amenazante, Rienzi veía la silueta del padre detenido, inmóvil al lado de la cama y se encontraba a la vez sin sueño. Se levantaba y preparaba café, que los hombres tomaban en el comedor. Instábanse mutuamente a descansar un rato, con un mudo encogimiento de hombros por común respuesta. Tras lo cual uno se ponía a recorrer por centésima vez el título de los libros, mientras el otro hacía obstinadamente cigarros en un rincón de la mesa.

Y los baños siempre, la calefacción, los paños fríos, la quinina. La chica se dormía a veces con una mano de su padre entre las suyas, y apenas éste intentaba retirarla, la criatura lo sentía y apretaba los dedos. Con lo cual Dréver se quedaba sentado, inmóvil, en la cama un buen rato; y como no tenía nada que hacer, miraba sin tregua la pobre carita extenuada de su hija.

Luego, delirio de vez en cuando, con súbitos incorporamientos sobre los brazos. Dréver la tranquilizaba, pero la chica rechazaba su contacto, volviéndose al otro lado. El padre recomenzaba entonces su paseo, e iba a tomar el eterno café de Rienzi.

—¿Qué tal? —preguntaba éste.

—Ahí va —respondía Dréver.

A veces, cuando estaba despierta, Rienzi se acercaba esforzándose en levantar la moral de todos, con bromas a la viejita que se hacía la enferma y no tenía nada. Pero la chica, aun reconociéndolo, lo miraba seria, con una hosca fijeza de gran fiebre.

La quinta tarde Rienzi la pasó en el horno trabajando —lo que constituía un buen derivativo—. Dréver lo llamó por un rato y fue a su vez a alimentar el fuego, echando automáticamente leña tras leña en el hogar.

Esa madrugada la fiebre bajó más que de costumbre, bajó más a mediodía, y a las dos de la tarde la criatura estaba con los ojos cerrados, inmóvil, con excepción de un rictus intermitente del labio y de pequeñas conmociones que le salpicaban de tics el rostro. Estaba helada; tenía sólo 35°.

—Una anemia cerebral fulminante, casi seguro —respondió Dréver a una mirada interrogante de su amigo—. Tengo suerte...

Durante tres horas la chica continuó de espaldas con sus muecas cerebrales, rodeada y quemada por ocho botellas de agua hirviendo. Durante esas tres horas Rienzi caminó muy despacio por la pieza, mirando con el ceño fruncido la figura del padre sentado a los pies de la cama. Y en esas tres horas Dréver se dio cuenta precisa del inmenso lugar que ocupaba en su corazón aquella pobre cosita que le había quedado de su matrimonio, y que iba a llevar al día siguiente al lado de su madre.

A las cinco, Rienzi, en el comedor, oyó que Dréver se incorporaba; y con el ceño más contraído aún entró en el cuarto. Pero desde la puerta distinguió el brillo de la frente de la chica empapada en sudor, ¡salvada!

—Por fin... —dijo Rienzi con la garganta estúpidamente apretada.

—¡Sí, por fin! —murmuró Dréver.

La chica continuaba literalmente bañada en sudor. Cuando abrió al rato los ojos, buscó a su padre y al verlo tendió los dedos hacia la boca de él. Rienzi se acercó entonces:

—¿Y...? ¿Cómo vamos, madamita?

La chica volvió los ojos a su amigo.

—¿Me conoces bien ahora? ¿A que no?

—Sí...

—¿Quién soy?

La criatura sonrió.

—Rienzi.

—¡Muy bien! Así me gusta... No, no. Ahora, a dormir...

Salieron a la meseta, por fin.

—¡Qué viejita! —decía Rienzi, haciendo con una vara largas rayas en la arena.

Dréver —seis días de tensión nerviosa con las tres horas finales son demasiado para un padre solo— se sentó en el sube y baja y echó la cabeza sobre los brazos. Y Rienzi se fue al otro lado del bungalow, porque los hombros de su amigo se sacudían.

La convalecencia comenzaba a escape desde ese momento. Entre taza y taza de café de aquellas largas noches, Rienzi había meditado que mientras no cambiaran los dos primeros vasos de condensación obtendrían siempre más brea de la necesaria. Resolvió, pues, utilizar dos grandes bordalesas en que Dréver había preparado su vino de naranja, y con la ayuda del peón, dejó todo listo al anochecer. Encendió el fuego, y después de confiarlo al cuidado de aquél, volvió a la meseta, donde tras los vidrios del bungalow los dos hombres miraron con singular placer el humo rojizo que tornaba a montar en paz.

Conversaban a las doce, cuando el indio vino a anunciarles que el fuego salía por otra parte; que se había hundido el horno. A ambos vino instantáneamente la misma idea.

—¿Abriste la toma de aire? —le preguntó Dréver.

—Abrí —repuso el otro.

—¿Qué leña pusiste?

—La carga que estaba allaité.

—¿Lapacho?

—Sí.

Rienzi y Dréver se miraron entonces y salieron con el peón.

La cosa era bien clara: la parte superior del horno estaba cerrada con dos chapas de cinc sobre traviesas de hierro L, y como capa aisladora habían colocado encima cinco centímetros de arena. En la primera sección de tiro, que las llamas lamían, habían resguardado el metal con una capa de arcilla sobre tejido de alambre; arcilla armada, digamos.

Todo había ido bien mientras Rienzi o Dréver vigilaron el hogar. Pero el peón, para apresurar la calefacción en beneficio de sus patrones, había abierto toda la puerta del cenicero, precisamente cuando sostenía el fuego con lapacho. Y como el lapacho es a la llama lo que la nafta a un fósforo, la altísima temperatura desarrollada había barrido con arcilla, tejido de alambre y la chapa misma, por cuyo boquete la llamarada ascendía apretada y rugiente.

Es lo que vieron los dos hombres al llegar allá. Retiraron la leña del hogar, y la llama cesó; pero el boquete quedaba vibrando al rojo blanco, y la arena caída sobre la caldera enceguecía al ser revuelta.

Nada más había que hacer. Volvieron sin hablar a la meseta, y en el camino Dréver dijo:

—Pensar que con cincuenta pesos más hubiéramos hecho un horno en forma...

—¡Bah! —repuso Rienzi al rato—. Hemos hecho lo que debíamos hacer. Con una cosa concluida no nos hubiéramos dado cuenta de una porción de cosas.

Y tras una pausa:

—Y tal vez hubiéramos hecho algo un poco *pour la galérie*...

—Puede ser —asintió Dréver.

La noche era muy suave, y quedaron un largo rato sentados fumando en el dintel del comedor.

Demasiado suave la temperatura. El tiempo descargó, y durante tres días y tres noches llovió con temporal del sur, lo que mantuvo a los dos hombres bloqueados en el bungalow oscilante. Dréver aprovechó el tiempo concluyendo un ensayo sobre creolina cuyo poder hormiguicida y parasiticida era por lo menos tan fuerte como el de la creolina a base de alquitrán de hulla. Rienzi, desganado, pasaba el día yendo de una puerta a otra a mirar el cielo.

Hasta que la tercera noche, mientras Dréver jugaba con su hija en las rodillas, Rienzi se levantó con las manos en los bolsillos y dijo:

—Yo me voy a ir. Ya hemos hecho aquí lo que podíamos. Si llega a encontrar unos pesos para trabajar en eso, avíseme y le puedo conseguir en Buenos Aires lo que necesite. Allá abajo, en el ojo del agua, se pueden montar tres calderas... Sin agua es imposible hacer nada. Escríbame, cuando consiga eso, y vengo a ayudarlo. Por lo menos —concluyó después de un momento— podemos tener el gusto de creer que no hay en el país muchos tipos que sepan lo que nosotros sobre carbón.

—Creo lo mismo —apoyó Dréver, sin dejar de jugar con su hija.

Cinco días después, con un mediodía radiante, y el *sulky* pronto en el portón, los dos hombres y su ayudante fueron a echar una última mirada a su obra a la cual no se habían aproximado más. El peón retiró la tapa del horno, y como una crisálida quemada, abollada, torcida, apareció la caldera en su envoltura de alambre tejido y arcilla gris. Las chapas retiradas tenían alrededor del boquete abierto por la llama un espesor considerable por la oxidación del fuego, y se descascaraban en escamas azules al menor contacto, con las cuales la chica de Dréver se llenó el bolsillo del delantal.

Desde allí mismo, por toda la vera del monte inmediato y el circundante hasta la lejanía, Rienzi pudo apreciar el efecto de un frío de −9° sobre la vegetación tropical de hojas lustrosas y tibias. Vio los bananos podridos en pulpa chocolate, hundidos dentro de sí mismos como en una funda. Vio plantas de hierba de doce años —un grueso árbol en fin—, quemadas para siempre hasta la raíz por el fuego blanco. Y en el naranjal, donde entraron para una última colecta, Rienzi buscó en vano en lo alto el reflejo de oro habitual, porque el suelo estaba totalmente amarillo de naranjas, que el día de la gran helada habían caído todas al salir el sol, con un sordo tronar que llenaba el monte.

Asimismo Rienzi pudo completar su bolsa, y como la hora apremiaba se dirigieron al puerto. La chica hizo el trayecto en las rodillas de Rienzi, con quien alimentaba un larguísimo diálogo.

El vaporito salía ya. Los dos amigos, uno enfrente de otro, se miraron sonriendo.

—*A bientôt* —dijo uno.

—*Ciao* —respondió el otro.

Pero la despedida de Rienzi y la chica fue bastante más expresiva.

Cuando ya el vaporcito viraba aguas abajo, ella le gritó aún:

—¡Rienzi! ¡Rienzi!

—¡Qué, viejita! —se alcanzó a oír.

—¡Volvé pronto!

Dréver y la chica quedaron en la playa hasta que el vaporcito se ocultó tras los macizos del Teyucuaré. Y, cuando subían lentos la barranca, Dréver callado, su hija le tendió los brazos para que la alzara.

—¡Se te quemó la caldera, pobre piapiá!... Pero no estés triste... ¡Vas a inventar muchas cosas más, ingenierito de mi vida!

El Monte Negro

Cuando los asuntos se pusieron decididamente mal, Borderán y Cía., capitalistas de la empresa de Quebracho y Tanino del Chaco, quitaron a Braccamonte la gerencia. A los dos meses la empresa, falta de la vivacidad del italiano, que era en todo caso el único capaz de haberla salvado, iba a la liquidación. Borderán acusó furiosamente a Braccamonte por no haber visto que el quebracho era pobre; que la distancia a puerto era mucha; que el tanino iba a bajar; que no se hacen contratos de soga al cuello en el Chaco —léase chasco—; que, según informes, los bueyes eran viejos y las alzaprimas más, etcétera, etcétera. En una palabra, que no entendía de negocios.

Braccamonte, por su parte, gritaba que los famosos 100.000 pesos invertidos en la empresa, lo fueron con una parsimonia tal, que cuando él pedía 4.000 pesos, enviábanle 3.500; cuando 2.000, 1.800. Y así todo. Nunca consiguió la cantidad exacta. Aun a la semana de un telegrama recibió 800 pesos en vez de 1.000 que había pedido.

Total: lluvias inacabables, acreedores urgentes, la liquidación, y Braccamonte en la calle, con 10.000 pesos de deuda.

Este solo detalle debería haber bastado para justificar la buena fe de Braccamonte, dejando a su completo cargo la deficiencia de dirección. Pero la condena pública fue absoluta: mal gerente, pésimo administrador, y aun cosas más graves.

En cuanto a su deuda, los mayoristas de la localidad perdieron desde el primer momento toda esperanza de satisfacción. Hízose broma de esto en Resistencia. «¿Y usted no tiene cuentas con Braccamonte?» —era lo primero que se decían dos personas al encontrarse. Y las carcajadas crecían si, en efecto, acertaban. Concedían a Braccamonte ojo perspicaz para adivinar un negocio, pero sólo eso. Hubieran deseado menos cálculos brillantes y más actividad reposada. Negábanle, sobre todo, experiencia del terreno. No era posible llegar así a un país y triunfar de golpe en lo más difícil que hay en él. No era capaz de una tarea ruda y juiciosa, y mucho menos visto el cuidado que el advenedizo tenía de su figura: no era hombre de trabajo.

Ahora bien, aunque a Braccamonte le dolía la falta de fe en su honradez, ésta le exasperaba menos, a fuer de italiano ardiente, que la creencia de que él no fuera capaz de ganar dinero. Con su hambre de triunfo, rabiaba tras ese primer fracaso.

Pasó un mes nervioso, hostigando su imaginación. Hizo dos o tres viajes a Rosario, donde tenía amigos, y por fin dio con su negocio: comprar por menos de nada una legua de campo en el suroeste de Resistencia y abrirle salida al Paraná, aprovechando el alza del quebracho.

En esa región de esteros y zanjones la empresa era fuerte, sobre todo debiendo efectuarla a todo vapor; pero Braccamonte ardía como un tizón. Asocióse con Banker, sujeto inglés, viejo contrabandista de obraje, y a los tres meses de su bancarrota emprendía marcha al Salado, con bueyes, carretas, mulas y útiles. Como obra preparatoria tuvieron que construir sobre el Salado una balsa

.e cuarenta bordalesas. Braccamonte, con su ojo preciso .e ingeniero nato, dirigía los trabajos.

Pasaron. Marcharon luego dos días, arrastrando penoamente las carretas y alzaprimas hundidas en el estero, llegaron al fin al Monte Negro.

Sobre la única loma del país hallaron agua a tres me-ros, y el pozo se afianzó con cuatro bordalesas desfon-adas. Al lado levantaron el rancho campal, y en se-uida comenzó la tarea de los puentes. Las cinco leguas esde el campo al Paraná estaban cortadas por zanjones riachos, en que los puentes eran indispensables. Se ortaban palmas en la barranca y se las echaba en sen-ido longitudinal a la corriente, hasta llenar la zanja. e cubría todo con tierra, y una vez pasados bagajes y arretas avanzaban todos hacia el Paraná.

Poco a poco se alejaban del rancho, y a partir del uinto puente tuvieron que acampar sobre el terreno de peraciones. El undécimo fue la obra más seria de la ampaña. El riacho tenía sesenta metros de ancho, y allí o era utilizable el desbarrancamiento en montón de pal-ıas. Fue preciso construir en forma pilares de palmeras, ue se comenzaron arrojando las palmas, hasta lograr ɔn ellas un piso firme. Sobre este piso colocaban una nea de palmeras niveladas, encima otra transversal, lue-ɔ una longitudinal, y así hasta conseguir el nivel de la arranca. Sobre el plano superior tendían una línea de-nitiva de palmas, afirmadas con clavos de urunday a stacones verticales, que afianzaban el primer pilar del uente. Desde esta base repetían el procedimiento, avan-ındo otros cuatro metros hacia la barranca opuesta. En ıanto al agua, filtraba sin ruido por entre los troncos.

Pero esa tarea fue lenta, pesadísima, en un terrible erano, y duró dos meses. Como agua, artículo princi-al, tenían la límpida, si bien oscura, del riacho. Un día, n embargo, después de una noche de tormenta, aquél naneció plateado de peces muertos. Cubrían el riacho derivaban sin cesar. Recién al anochecer, disminuye-ɔn. Días después pasaba aún uno que otro. A todo even-, los hombres se abstuvieron por una semana de tomar

esa agua, teniendo que enviar un peón a buscar la de
pozo, que llegaba tibia.

No era sólo esto. Los bueyes y mulas se perdían d
noche en el campo abierto, y los peones, que salían a
aclarar, volvían con ellos ya alto el sol, cuando el ca
lor agotaba a los bueyes en tres horas. Luego pasaban
toda la mañana en el riacho luchando, sin un moment
de descanso, contra la falta de iniciativa de los peones
teniendo que estar en todo, escogiendo las palmas, di
rigiendo el derrumbe, afirmando, con los brazos arre
mangados, los catres de los pilares, bajo el sol de fueg
y el vaho, asfixiante del pajonal, hinchados por tábano
y barigüís. La greda amarilla y reverberante del palma
les irritaba los ojos y quemaba los pies. De vez en cuan
do sentíanse detenidos por la vibración crepitante de un
serpiente de cascabel, que sólo se hacía oír cuando esta
ban a punto de pisarla.

Concluida la mañana, almorzaban. Comían, mañana
noche, un plato de locro, que mantenían alejado sobr
las rodillas, para que el sudor no cayera dentro. Esto
bajo su único albergue, un cobertizo hecho con cuatr
chapas de cinc, que enceguecían entre moarés de air
caldeado. Era tal allí el calor, que no se sentía entrar e
aire en los pulmones. Las barretas de fierro quemaba
en la sombra.

Dormían la siesta, defendidos de los polvorines po
mosquiteros de gasa que, permitiendo apenas pasar el aire
levantaban aún la temperatura. Con todo, ese martiri
era preferible al de los polvorines.

A las dos volvían a los puentes, pues debían a cad
momento reemplazar a un peón que no comprendía bie
—hundidos hasta las rodillas en el fondo podrido y fof
del riacho, que burbujeaba a la menor remoción, exha
lando un olor nauseabundo. Como en estos casos n
podían separar las manos del tronco, que sostenían e
alto a fuerza de riñones, los tábanos los aguijoneaba
a mansalva.

Pero, no obstante esto, el momento verdaderament
duro era el de la cena. A esa hora el estero comenzab

zumbar, y enviaba sobre ellos nubes de mosquitos, tan lensas, que tenían que comer el plato de locro caminanlo de un lado para otro. Aun así no lograban paz; o levoraban mosquitos o eran devorados por ellos. Dos ninutos de esta tensión acababa con los nervios más emplados.

En estas circunstancias, cuando acarreaban tierra al uente grande, llovió cinco días seguidos, y el charque e concluyó. Los zanjones, desbordados, imposibilitaron ueva provista, y tuvieron que pasar quince días a locro uacho —maíz cocido en agua únicamente—. Como el iempo continuó pesado, los mosquitos recrudecieron en orma tal que ya ni caminando era posible librar el locro le ellos. En una de esas tardes, Banker, que se paeaba entre un oscuro nimbo de mosquitos, sin hablar na palabra, tiró de pronto el plato contra el suelo, y ijo que no era posible vivir más así; que eso no era ida; que él se iba. Fue menester todo el calor elocuente e Braccamonte, y en especial la evocación del muy seio contrato entre ellos para que Banker se calmara. 'ero Braccamonte, en su interior, había pasado tres días naldiciéndose a sí mismo por esa estúpida empresa.

El tiempo se afirmó por fin, y aunque el calor creció el viento norte sopló su fuego sobre las caras, sentíase ire en el pecho por lo menos. La vida suavizóse algo –más carne y menos mosquitos de comida—, y conluyeron por fin el puente grande, tras dos meses de enurias. Había devorado 2.700 palmas. La mañana en ue echaron la última palada de tierra, mientras las arretas lo cruzaban entre la gritería de triunfo de los eones, Braccamonte y Banker, parados uno al lado del tro, miraron largo rato su obra común, cambiando cors observaciones a su respecto, que ambos comprendían n oírlas casi.

Los demás puentes, pequeños todos, fueron un juego, lemás de que al verano había sucedido un seco y frío toño. Hasta que por fin llegaron al río.

Así, en seis meses de trabajo rudo y tenaz, quebrans y cosas amargas, mucho más para contadas que pasadas, los dos socios construyeron catorce puentes, con la sola ingeniería de su experiencia y de su decisión incontrastable. Habían abierto puerto a la madera sobre el Paraná, y la especulación estaba hecha. Pero salieron de ella con las mejillas excavadas, las duras manos jaspeadas por blancas cicatrices de granos, con rabiosas ganas de sentarse en paz a una mesa con mantel.

Un mes después —el quebracho siempre en suba— Braccamonte había vendido su campo, comprado en 8.000 pesos, en 22.000. Los comerciantes de Resistencia no cupieron de satisfacción al verse pagados, cuando ya no lo esperaban —aunque creyeron siempre que en la cabeza del italiano había más fantasía que otra cosa.

En la noche

Las aguas cargadas y espumosas del Alto Paraná me
evaron un día de creciente desde San Ignacio al in-
enio San Juan, sobre una corriente que iba midiendo
eis millas en el canal, y nueve al caer del lomo de las
estingas.

Desde abril yo estaba a la espera de esa crecida. Mis
agabundajes en canoa por el Paraná, exhausto de agua,
abían concluido por fastidiar al griego. Es éste un vie-
› marinero de la Marina de guerra inglesa, que proba-
lemente había sido antes pirata en el Egeo, su patria,
que con más certidumbre había sido antes contraban-
ista de caña en San Ignacio, desde quince años atrás.
ra, pues, mi maestro de río.

—Está bien —me dijo al ver el río grueso—. Usted
uede pasar ahora por un medio, medio regular mari-
ero. Pero le falta una cosa, y es saber lo que es el
araná cuando está bien crecido. ¿Ve esa piedraza —me
ñaló— sobre la corredera del Greco? Pues bien; cuan-
o el agua llegue hasta allí y no se vea una piedra de
restinga, váyase entonces a abrir la boca ante el Te-

yucuaré por los cuatro lados, y cuando vuelva podr decir que sus puños sirven para algo. Lleve otro rem también, porque con seguridad va a romper uno o dos Y traiga de su casa una de sus mil latas de kerosene, bie tapada con cera. Y así y todo es posible que se ahogue

Con un remo de más, en consecuencia, me dejé tranquilamente llevar hasta el Teyucuaré.

La mitad, por lo menos, de los troncos, pajas podridas, espumas y animales muertos, que bajan con un gran crecida, quedan en esa profunda ensenada. Espe san el agua, cobran aspecto de tierra firme, remonta lentamente la costa, deslizándose contra ella como s fueran una porción desintegrada de la playa —porqu ese inmenso remanso es un verdadero mar de sargazos

Poco a poco, aumentando la elipse de traslación, lo troncos son cogidos por la corriente y bajan por fi velozmente girando sobre sí mismos, para cruzar dand tumbos frente a la restinga final del Teyucuaré, erguid hasta ochenta metros de altura.

Estos acantilados de piedra cortan perpendicularment el río, avanzan en él hasta reducir su cauce a la terce ra parte. El Paraná entero tropieza con ellos, busc salida, formando una serie de rápidos casi insalvable aun con aguas bajas, por poco que el remero no est alerta. Y tampoco hay manera de evitarlos, porque l corriente central del río se precipita por la angostur formada, abriéndose desde la restinga en una curva tu multuosa que rasa el remanso inferior y se delimita d él por una larga fila de espumas fijas.

A mi vez me dejé coger por la corriente. Pasé com una exhalación sobre los mismos rápidos y caía en la aguas agitadas del canal, que me arrastraron de pop y de proa, debiendo tener mucho juicio con los rem que apoyaba alternativamente en el agua para restable cer el equilibrio, en razón de que mi canoa medía sesen centímetros de ancho, pesaba treinta kilos y tenía tan sól dos milímetros de espesor en toda su obra; de modo qu un firme golpe de dedo podía perjudicarla seriament Pero de sus inconvenientes derivaba una velocidad fa ástica, que me permitía forzar el río de Sur a Norte y le Oeste a Este, siempre, claro está, que no olvidara un nstante la inestabilidad del aparato.

En fin, siempre a la deriva, mezclado con palos y seaillas, que parecían tan inmóviles como yo, aunque baíbamos velozmente sobre el agua lisa, pasé frente a la sla del Toro, dejé atrás la boca del Yabebirí, el puerto le Santa Ana, y llegué al ingenio, de donde regresé en eguida, pues deseaba volver a San Ignacio en la misna tarde.

Pero en Santa Ana me detuve, titubeando. El griego enía razón: una cosa es el Paraná bajo o normal, y tra muy distinta con las aguas hinchadas. Aun con mi anoa, los rápidos salvados al remontar el río me habían reocupado, no por el esfuerzo para vencerlos, sino por a posibilidad de volcar. Toda restinga, sabido es, ocaiona un rápido y un remanso adyacente; y el peligro está n esto precisamente: en salir de un agua muerta, para hocar, a veces en ángulo recto, contra una correntada que asa como un infierno. Si la embarcación es estable, nada ay que temer; pero con la mía nada más fácil que ir a ondar el rápido cabeza abajo, por poco que la luz me altara. Y como la noche caía ya, me disponía a sacar a canoa a tierra y esperar el día siguiente, cuando vi a n hombre y una mujer que bajaban la barranca y se proximaban.

Parecían marido y mujer; extranjeros, a ojos vista, unque familiarizados con la ropa del país. El traía la amisa arremangada hasta el codo, pero no se notaba n los pliegues del remango la menor mancha de traajo. Ella llevaba un delantal enterizo y un cinturón de ule que la ceñía muy bien. Pulcros burgueses, en suma, ues de tales era el aire de satisfacción y bienestar, aseurados a expensas del trabajo de cualquier otro.

Ambos, tras un familiar saludo, examinaron con gran uriosidad la canoa de juguete, y después examinaron río.

—El señor hace muy bien en quedarse —dijo él—. on el río así, no se anda de noche.

Ella ajustó su cintura.

—A veces —sonrió coqueteando.

—¡Es claro! —replicó él—. Esto no reza con nos otros... Lo digo por el señor.

Y a mí:

—Si el señor piensa quedar, le podemos ofrecer bue na comodidad. Hace dos años que tenemos un negocio poca cosa, pero uno hace lo que puede... ¿Verdad, señor

Asentí de buen grado, yendo con ellos hasta el boli che aludido, pues no de otra cosa se trataba. Cené, si embargo, mucho mejor que en mi propia casa, atendid con una porción de detalles de *confort,* que parecían u sueño en aquel lugar. Eran unos excelentes tipos mi burgueses, alegres y limpios, porque nada hacían.

Después de un excelente café, me acompañaron a l playa, donde interné aún más mi canoa, dado que e Paraná, cuando las aguas llegan rojas y cribadas de re molinos, sube dos metros en una noche. Ambos consi deraron de nuevo la invisible masa del río.

—Hace muy bien en quedarse, señor —repitió el hom bre—. El Teyucuaré no se puede pasar así como así d noche, como está ahora. No hay nadie que sea capaz d pasarlo... con excepción de mi mujer.

Yo me volví bruscamente a ella, que coqueteó de nue vo con el cinturón.

—¿Usted ha pasado el Teyucuaré de noche? —le pre gunté.

—¡Oh, sí señor... Pero una sola vez... y sin ningú deseo de hacerlo. Entonces éramos un par de locos.

—¿Pero el río?... —insistí.

—¿El río? —cortó él—. Estaba hecho un loco, tam bién. ¿El señor conoce los arrecifes de la isla del Toro no? Ahora están descubiertos por la mitad. Entonces n se veía nada... Todo era agua, y el agua pasaba pc encima bramando, y la oíamos de aquí. ¡Aquél era otr tiempo, señor! Y aquí tiene un recuerdo de aquel tiem po... ¿El señor quiere encender un fósforo?

El hombre se levantó el pantalón hasta la corva, y e la parte interna de la pantorrilla vi una profunda cic triz, cruzada como un mapa de costurones duros y pla-eados.

—¿Vio, señor? Es un recuerdo de aquella noche. Una aya... y no muy grande, tampoco...

Entonces recordé una historia, vagamente entreoída, le una mujer que había remado un día y una noche nteros, llevando a su marido moribundo. ¿Y era ésa la nujer, aquella burguesita arrobada de éxito y de pul-ritud?

—Sí, señor, era yo —se echó a reír, ante mi asombro, ue no necesitaba palabras—. Pero ahora me moriría ien veces antes que intentarlo siquiera. Eran otros tiem-os; ¡eso ya pasó!

—¡Para siempre! —apoyó él—. Cuando me acuerdo... Estábamos locos, señor! Los desengaños, la miseria si o nos movíamos... ¡Eran otros tiempos, sí!

¡Ya lo creo! Eran otros los tiempos, si habían hecho so. Pero no quería dormirme sin conocer algún porme-or; y allí, en la oscuridad y ante el mismo río del cual o veíamos a nuestros pies sino la orilla tibia, pero que entíamos subir y subir hasta la otra costa, me di cuenta e lo que había sido aquella epopeya nocturna.

Engañados respecto de los recursos del país, habien-o agotado en yerros de colono recién llegado el escaso apital que trajeran, el matrimonio se encontró un día extremo de sus recursos. Pero como eran animosos, mplearon los últimos pesos en una chalana inservible, uyas cuadernas recompusieron con infinita fatiga, y con la emprendieron un tráfico ribereño, comprando a los obladores diseminados en la costa, miel, naranjas, ta-aras, pajas —todo en pequeña escala—, que iban a ven-er a la playa de Posadas, malbaratando casi siempre mercancía, pues ignorantes al principio del pulso del ercado, llevaban litros de miel de caña cuando habían egado barriles de ella el día anterior, y naranjas, cuando costa amarilleaba.

Vida muy dura y fracasos diarios, que alejaban de su espíritu toda otra preocupación que no fuera llegar de madrugada a Posadas y remontar en seguida el Paraná a fuerza de puño. La mujer acompañaba siempre al marido, y remaba con él.

En uno de los tantos días de tráfico, llegó un veintitrés de diciembre, y la mujer dijo:

—Podríamos llevar a Posadas el tabaco que tenemos y las bananas de Francés-cué. De vuelta traeremos tortas de Navidad y velitas de color. Pasado mañana es Navidad, y las venderemos muy bien en los boliches.

A lo que el hombre contestó:

—En Santa Ana no venderemos muchas; pero en San Ignacio podremos vender el resto.

Con lo cual descendieron la misma tarde hasta Posadas, para remontar a la madrugada siguiente, de noche aún.

Ahora bien; el Paraná estaba hinchado con sucias aguas de crecientes que se alzaban por minutos. Y cuando las lluvias tropicales se han descargado simultáneamente en toda la cuenca superior, se borran los largos remansos, que son lo más fieles amigos del remero. En todas partes el agua se desliza hacia abajo, todo el inmenso volumen del río es una huyente masa líquida que corre en una sola pieza. Y si a la distancia el río aparece en la canal terso y estirado en rayas luminosas, de cerca, sobre él mismo, se ve el agua revuelta en pesado moaré de remolinos.

El matrimonio, sin embargo, no titubeó un instante en remontar tal río en un trayecto de sesenta kilómetros, sin otro aliciente que el de ganar unos cuantos pesos. El amor nativo al centavo que ya llevaban en sus entrañas se había exasperado ante la miseria entrevista, y aunque estuvieran ya próximos a su sueño dorado —que habían de realizar después—, en aquellos momentos hubieran afrontado el Amazonas entero, ante la perspectiva de aumentar en cinco pesos sus ahorros.

Emprendieron, pues, el viaje de regreso, la mujer a los remos y el hombre a la pala en popa. Subían apenas ınque ponían en ello su esfuerzo sostenido, que debían ıplicar cada veinte minutos en las restingas, donde s remos de la mujer adquirían una velocidad desespe- .da, y el hombre se doblaba en dos con lento y profundo fuerzo sobre su pala hundida un metro en el agua.

Pasaron así diez, quince horas, todas iguales. Lamiendo bosque o las pajas del litoral, la canoa remontaba im- :rceptiblemente la inmensa y luciente avenida de agua, ı la cual la diminuta embarcación, rasando la costa, ırecía bien pobre cosa.

El matrimonio estaba en perfecto tren, y no eran re- eros a quienes catorce o dieciséis horas de remo podían ›atir. Pero cuando ya a la vista de Santa Ana se dispo- ̇an a atracar para pasar la noche, al pisar el barro el ›mbre lanzó un juramento y saltó a la canoa: más riba del talón, sobre el tendón de Aquiles, un agujero :gruzco, de bordes lívidos y ya abultados, denunciaba aguijón de la raya.

La mujer sofocó un grito.

—¿Qué?... ¿Una raya?

El hombre se había cogido el pie entre las manos y apretaba con fuerza convulsiva.

—Sí...

—¿Te duele mucho? —agregó ella, al ver su gesto. Y con los dientes apretados:

—De un modo bárbaro...

En esa áspera lucha que había endurecido sus manos sus semblantes, habían eliminado de su conversación ıanto no propendiera a sostener su energía. Ambos bus- ron vertiginosamente un remedio. ¿Qué? No recorda- ın nada. La mujer de pronto recordó: aplicaciones de í macho, quemado.

—¡Pronto, Andrés! —exclamó recogiendo los remos—. cuéstate en popa: voy a remar hasta Santa Ana.

Y mientras el hombre, con la mano siempre aferra- ı al tobillo, se tendía en popa, la mujer comenzó a mar.

Durante tres horas remó en silencio, concentrando su mbría angustia en un mutismo desesperado, aboliendo de su mente cuanto pudiera restarle fuerzas. En pop el hombre devoraba a su vez su tortura, pues nada h comparable al atroz dolor que ocasiona la picadura una raya —sin excluir el raspaje de un hueso tuberc loso. Sólo de vez en cuando dejaba escapar un suspi que a despecho suyo se arrastraba al final en bramid Pero ella no lo oía o no quería oírlo, sin otra señal vida que las miradas atrás para apreciar la distanc que faltaba aún.

Llegaron por fin a Santa Ana; ninguno de los pobl dores de la costa tenía ají macho. ¿Qué hacer? Ni soñ siquiera en ir hasta el pueblo. En su ansiedad la muj recordó de pronto que en el fondo del Teyucuaré, al p del bananal de Blosset y sobre el agua misma, vivía des meses atrás un naturalista alemán de origen, pero al se vicio del Museo de París. Recordaba también que hab curado a dos vecinos de mordeduras de víbora, y er por tanto, más que probable que pudiera curar a marido.

Reanudó, pues, la marcha, y tuvo lugar entonces lucha más vigorosa que pueda entablar un pobre s humano —¡una mujer!— contra la voluntad implacab de la Naturaleza.

Todo: el río creciendo y el espejismo nocturno q volcaba el bosque litoral sobre la canoa, cuando realidad ésta trabajaba en plena corriente a diez braza la extenuación de la mujer y sus manos, que mojab el puño del remo de sangre y agua serosa; todo: rí noche y miseria la empujaban hacia atrás.

Hasta la boca del Yabebirí pudo aún ahorrar algu fuerza; pero en la interminable cancha desde el Yab birí hasta los primeros cantiles del Teyucuaré, no tu un instante de tregua, porque el agua corría por ent las pajas como en el canal, y cada tres golpes de ren levantaban camalotes en vez de agua; los cuales cr zaban sobre la proa sus tallos nudosos y seguían a rastra, por lo cual la mujer debía ir a arrancarlos ba el agua. Y cuando tornaba a caer en el banco, su cuerp ɜsde los pies a las manos, pasando por la cintura y los razos era un único y prolongado sufrimiento.

Por fin, al norte, el cielo nocturno se entenebrecía hasta el cenit por los cerros del Teyucuaré, cuando hombre, que desde hacía un rato había abandonado ı tobillo para asirse con las dos manos a la borda, dejó scapar un grito.

La mujer se detuvo.

—¿Te duele mucho?

—Sí... —respondió él, sorprendido a su vez y jaeando—. Pero no quise gritar. Se me escapó.

Y agregó más bajo, como si temiera sollozar si alzaa la voz:

—No lo voy a hacer más...

Sabía muy bien lo que era en aquellas circunstancias ante su pobre mujer realizando lo imposible, perder ánimo. El grito se le había escapado, sin duda, por ıás que allá abajo, en el pie y el tobillo, el atroz dolor exasperaba en punzadas fulgurantes que lo enloıecían.

Pero ya habían caído bajo la sombra del primer acanlado, rasando y golpeando con el remo de babor la ıra mole que ascendía a pico hasta cien metros. Desde lí hasta la restinga sur del Teyucuaré el agua está uerta y remanso a trechos. Inmenso desahogo del que mujer no pudo disfrutar, porque de popa se había alzaɔ otro grito: La mujer no volvió la vista. Pero el herido, npapado en sudor frío y temblando hasta los mismos ɜdos adheridos al listón de la borda, no tenía ya fuerza ıra contenerse, y lanzaba un nuevo grito.

Durante largo rato el marido conservó un resto de ıergía, de valor, de conmiseración por aquella otra iseria humana, a la que robaba de ese modo sus últias fuerzas, y sus lamentos rompían de largo en largo. ɜro al fin toda su resistencia quedó deshecha en una ıpilla de nervios destrozados, y desvariado de tortura, n darse él mismo cuenta, con la boca entreabierta para ɔ perder tiempo, sus gritos se repitieron a intervalos regulares y acompasados en un ¡ay! de supremo sufr miento.

La mujer, entre tanto, el cuello doblado, no apartab los ojos de la costa para conservar la distancia. No pen saba, no oía, no sentía: remaba. Sólo cuando un grit más alto, un verdadero clamor de tortura rompía l noche, las manos de la mujer se desprendían a media del remo.

Hasta que por fin soltó los remos y echó los brazo sobre la borda.

—No grites... —murmuró.

—¡No puedo! —clamó él—. Es demasiado sufr miento.

Ella sollozaba:

—¡Ya sé!... ¡Comprendo!... Pero no grites... ¡N puedo remar!

—Comprendo también... ¡Pero no puedo! ¡Ay!...

Y enloquecido de dolor y cada vez más alto:

—¡No puedo! ¡No puedo! ¡No puedo!...

La mujer quedó largo rato aplastada sobre los brazos inmóvil, muerta. Al fin se incorporó y reanudó mud la marcha.

Lo que la mujer realizó entonces, esa misma mujer cita que llevaba ya dieciocho horas de remo en la manos, y que en el fondo de la canoa llevaba a s marido moribundo, es una de esas cosas que no se to nan a hacer en la vida. Tuvo que afrontar en las tinie blas el rápido sur del Teyucuaré, que la lanzó die veces a los remolinos de la canal. Intentó otras die veces sujetarse al peñón para doblarlo con la canoa la rastra, y fracasó. Tornó al rápido, que logró por fi incidir con el ángulo debido, y ya en él se mantuv sobre su lomo treinta y cinco minutos remando vertig nosamente para no derivar. Remó todo ese tiempo co los ojos escocidos por el sudor que la cegaba, y sin p der soltar un solo instante los remos. Durante eso treinta y cinco minutos tuvo a la vista, a tres metros el peñón que no podía doblar, ganando apenas centíme tros cada cinco minutos, y con la desesperante sens ión de batir el aire con los remos, pues el agua huía elozmente.

Con qué fuerzas, que estaban agotadas; con qué inreíble tensión de sus últimos nervios vitales pudo sosener aquella lucha de pesadilla, ella menos que nadie odría decirlo. Y sobre todo si se piensa que por único stimulante, la lamentable mujercita no tuvo más que l acompasado alarido de su marido en popa.

El resto del viaje —dos rápidos más en el fondo del olfo y uno final al costear el último cerro, pero sumanente largo— no requirió un esfuerzo superior a aquél. 'ero cuando la canoa embicó por fin sobre la arcilla lel puerto de Blosset, y la mujer pretendió bajar para segurar la embarcación, se encontró de repente sin braos, sin piernas y sin cabeza —nada sentía de sí misma, ino el cerro que se volcaba sobre ella—; y cayó desnayada.

—¡Así fue, señor! Estuve dos meses en cama, y ya 'io cómo me quedó la pierna. ¡Pero el dolor, señor! Si ıo es por ésta, no hubiera podido contarle el cuento, eñor —concluyó poniéndole la mano en el hombro a u mujer.

La mujercita dejó hacer, riendo. Ambos sonreían, por o demás, tranquilos, limpios y establecidos por fin con ın boliche lucrativo, que había sido su ideal.

Y mientras quedábamos de nuevo mirando el río oscuo y tibio que pasaba creciendo, me pregunté qué canidad de ideal hay en la entraña misma de la acción, uando prescinde en un todo el móvil que la ha encenlido, pues allí, tal cual, desconocido de ellos mismos, estaba el heroísmo a la espalda de los míseros comerciantes.

Las rayas

...—«En resumen, yo creo que las palabras valen tanto, *materialmente,* como la propia cosa significada, y son capaces de crearla por simple razón de eufonía. Se precisará un estado especial; es posible. Pero algo que yo he visto me ha hecho pensar en el peligro de que dos cosas distintas tengan el mismo nombre.»

Como se ve, pocas veces es dado oír teorías tan maravillosas como la anterior. Lo curioso es que quien la exponía no era un viejo y sutil filósofo versado en la escolástica, sino un hombre espinado desde muchacho en los negocios, que trabajaba en Laboulaye acopiando granos. Con su promesa de contarnos la cosa, sorbimos rápidamente el café, nos sentamos de costado en la silla para oír largo rato, y fijamos los ojos en el de Córdoba.

—Les contaré la historia —comenzó el hombre— porque es el mejor modo de darse cuenta. Como ustedes saben, hace mucho que estoy en Laboulaye. Mi socio corretea todo el año por las colonias y yo, bastante inútil para eso, atiendo más bien la barraca. Supondrán que durante ocho meses, por lo menos, mi quehacer no es mayor en el escritorio, y dos empleados —uno conmigo en los libros y otro en la venta— nos bastan y sobran. Dado nuestro radio de acción, ni el Mayor ni el Diario son engorrosos. Nos ha quedado, sin embargo, una vigilancia enfermiza de los libros, como si aquella cosa lúgubre pudiera repetirse. ¡Los libros!... En fin, hace cuatro años de la aventura y nuestros dos empleados fueron los protagonistas.

El vendedor era un muchacho correntino, bajo y de pelo cortado al rape, que usaba siempre botines amarillos. El otro, encargado de los libros, era un hombre hecho ya, muy flaco y de cara color paja. Creo que nunca lo vi reírse, mudo y contraído en su Mayor con estricta prolijidad de rayas y tinta colorada. Se llamaba Figueroa; era de Catamarca.

Ambos, comenzando por salir juntos, trabaron estrecha amistad, y como ninguno tenía familia en Laboulaye, habían alquilado un caserón con sombríos corredores de bóveda, obra de un escribano que murió loco allá.

Los dos primeros años no tuvimos la menor queja de nuestros hombres. Poco después comenzaron, cada uno a su modo, a cambiar de modo de ser.

El vendedor —se llamaba Tomás Aquino— llegó cierta mañana a la barraca con una verbosidad exuberante. Hablaba y reía sin cesar, buscando constantemente no sé qué en los bolsillos. Así estuvo dos días. Al tercero cayó con un fuerte ataque de gripe; pero volvió después de almorzar, inesperadamente curado. Esa misma tarde, Figueroa tuvo que retirarse con desesperantes estornudos preliminares que lo habían invadido de golpe. Pero todo pasó en horas, a pesar de los síntomas dramáticos. Poco después se repitió lo mismo, y así, por un mes: la charla delirante de Aquino, los estornudos de Figueroa, y cada dos días un fulminante y frustrado ataque de gripe.

Esto era lo curioso. Les aconsejé que se hicieran examinar atentamente, pues no se podía seguir así. Por suerte todo pasó, regresando ambos a la antigua y tranquila normalidad, el vendedor entre las tablas, y Figueroa con su pluma gótica.

Esto era en diciembre. El catorce de enero, al hojear de noche los libros, y con toda la sorpresa que imaginarán, vi que la última página del Mayor estaba cruzada en todos sentidos de rayas. Apenas llegó Figueroa a la mañana siguiente, le pregunté qué demonio eran esas rayas. Me miró sorprendido, miró su obra, y se disculpó murmurando.

No fue sólo esto. Al otro día Aquino entregó el Diario, y en vez de las anotaciones de orden no había más que rayas; toda la página llena de rayas en todas direcciones. La cosa ya era fuerte; les hablé malhumorado, rogándoles muy seriamente que no se repitieran esas gracias. Me miraron atentos pestañeando rápidamente, pero se retiraron sin decir una palabra.

Desde entonces comenzaron a enflaquecer visiblemente. Cambiaron el modo de peinarse, echándose el pelo atrás. Su amistad había recrudecido; trataban de estar todo el día juntos, pero no hablaban nunca entre ellos.

Así varios días, hasta que una tarde hallé a Figueroa doblado sobre la mesa, rayando el libro de Caja. Ya había rayado todo el Mayor, hoja por hoja; todas las páginas llenas de rayas, rayas en el cartón, en el cuero, en el metal, todo con rayas.

Lo despedimos en seguida; que continuara sus estupideces en otra parte. Llamé a Aquino y también lo despedí. Al recorrer la barraca no vi más que rayas en todas partes: tablas rayadas, planchuelas rayadas, barricas rayadas. Hasta una mancha de alquitrán en el suelo, rayada...

No había duda; estaban completamente locos, una terrible obsesión de rayas que con esa precipitación productiva quién sabe a dónde los iba a llevar.

Efectivamente, dos días después vino a verme el dueño de la Fonda Italiana donde aquellos comían. Muy preocupado, me preguntó si no sabía qué se habían hecho Figueroa y Aquino; ya no iban a su casa..

—Estarán en casa de ellos —le dije.

—La puerta está cerrada y no responden —me contestó mirándome.

—¡Se habrán ido! —argüí sin embargo.

—No —replicó en voz baja—. Anoche, durante la tormenta, se han oído gritos que salían de adentro.

Esta vez me cosquilleó la espalda y nos miramos un momento.

Salimos apresuradamente y llevamos la denuncia. En el trayecto al caserón la fila se engrosó, y al llegar a aquél, chapaleando en el agua, éramos más de quince. Ya empezaba a oscurecer. Como nadie respondía, echamos la puerta abajo y entramos. Recorrimos la casa en vano; no había nadie. Pero el piso, las puertas, las paredes, los muebles, el techo mismo, todo estaba rayado: una irradiación delirante de rayas en todo sentido.

Ya no era posible más; habían llegado a un terrible frenesí de rayar, rayar a toda costa, como si las más íntimas células de sus vidas estuvieran sacudidas por esa obsesión de rayar. Aun en el patio mojado las rayas se cruzaban vertiginosamente, apretándose de tal modo al fin, que parecía ya haber hecho explosión la locura.

Terminaban en el albañal. Y doblándonos, vimos en el agua fangosa dos rayas negras que se revolvían pesadamente.

La lengua

Hospicio de las Mercedes...

—No sé cuándo acabará este infierno. Esto sí, es muy posible que consigan lo que desean. ¡Loco perseguido! ¡Tendría que ver!... Yo propongo esto: ¡A todo el que es lengualarga, que se pasa la vida mintiendo y calumniando, arránquesele la lengua, y se verá lo que pasa!

¡Maldito sea el día que yo también caí! El individuo no tuvo la más elemental misericordia. Sabía como el que más que un dentista sujeto a impulsividades de sangre podrá tener todo, menos clientela. Y me atribuyó estos y aquellos arrebatos; que en el hospital había estado a punto de degollar a un dependiente de fiambrería; que una sola gota de sangre me enloquecía...

¡Arrancarle la lengua!... Quiero que alguien me diga qué había hecho yo a Felippone para que se ensañara de ese modo conmigo. ¿Por hacer un chiste?... Con esas cosas no se juega, bien lo sabía él. Y éramos amigos.

¡Su lengua!... Cualquier persona tiene derecho a vengarse cuando lo han herido. Supóngase ahora lo que ne pasaría a mí, con mi carrera rota a su principio, ondenado a pasarme todo el día por el estudio sin clienes, y con la pobreza que yo solo sé...

Todo el mundo lo creyó. ¿Por qué no lo iban a creer?)e modo que cuando me convencí claramente de que u lengua había quebrado para siempre mi porvenir, esolví una cosa muy sencilla: arrancársela.

Nadie con más facilidades que yo para atraerlo a asa. Lo encontré una tarde y lo cogí riendo de la cinura, mientras lo felicitaba por su broma que me atribuía o sé qué impulsos...

El hombre un poco desconfiado al principio, se tranuilizó al ver mi falta de rencor de pobre diablo. Seuimos charlando una infinidad de cuadras, y de vez n cuando festejábamos alegremente la ocurrencia.

—Pero de veras —me detenía a ratos—. ¿Sabías que ra yo el que había inventado la cosa?

—¡Claro que lo sabía! —le respondía riéndome.

Volvimos a vernos con frecuencia. Conseguí que fuea al consultorio, donde confiaba en conquistarlo del odo. En efecto, se sorprendió mucho de un trabajo de uente que me vio ejecutar.

—No me imaginaba —murmuró mirándome— que traajaras tan bien...

Quedó un rato pensativo y de pronto, como quien : acuerda de algo que aunque ya muy pasado causa empre gracia, se echó a reír.

—¿Y desde *entonces* viene poca gente, no?

—Casi nadie —le contesté sonriendo como un simple.

¡Y sonriendo así tuve la santa paciencia de esperar, perar! Hasta que un día vino a verme apurado, porque dolía vivamente una muela.

¡Ah, ah! ¡Le dolía a él! ¡Y a mí, nada, nada!

Examiné largamente el raigón doloroso, manejándole ; mejillas con una suavidad de amigo que le encantó.) emborraché luego de ciencia odontológica, haciéndole r en su raigón un peligro siempre de temer...

Felippone se entregó en mis brazos, aplazando la ex tracción de la muela para el día siguiente.

¡Su lengua!... Veinticuatro horas pueden pasar com un siglo de esperanzas para el hombre que aguarda a final un segundo de dicha.

A las dos en punto llegó Felippone. Pero tenía mied Se sentó en el sillón sin apartar sus ojos de los míos.

—¡Pero hombre! —le dije paternalmente, mientras di simulaba en la mano el bisturí—. ¡Se trata de un simpl raigón! ¿Qué sería si?... ¡Es curioso que les impresion más el sillón del dentista que la mesa de operaciones —concluí bajándole el labio con el dedo.

—¡Y es verdad! —asintió con la voz gutural.

—¡Claro que lo es! —sonreí aún, introduciendo en s boca el bisturí para descarnar la encía.

Felippone apretó los ojos, pues era un individuo floj

—Abre más la boca —le dije.

Felippone la abrió. Metí la mano izquierda, le sujet rápidamente la lengua y se la corté de raíz.

—¡Plum!... ¡Chismes y chismes y chismes, su lengua Felippone mugió echando por la boca una ola de sang y se desmayó.

Bueno. En la mano yo tenía su lengua. Y el diabl la horrible locura de hacer lo que no tiene utilidad a guna, estaban en mis dos ojos. Con aquella podredumb de chismes en la mano izquierda, ¿qué necesidad ten yo de mirar *allá*?

Y miré, sin embargo. Le abrí la boca a Felippon acerqué bien la cara, y miré en el fondo. ¡Y vi que as maba por entre la sangre una lengüita roja! ¡Una le güita que crecía rápidamente, que crecía y se hinchab como si yo no tuviera la otra en la mano!

Cogí una pinza, la hundí en el fondo de la gargan y arranqué el maldito retoño. Miré de nuevo, y vi ot vez —¡maldición!— que subían dos nuevas lengüit moviéndose...

Metí la pinza y arranqué eso —con ellas una amí dala...

La sangre me impedía ver el resultado. Corrí a la anilla, ajusté un tubo, y eché en el fondo de la garanta un chorro violento. Volví a mirar: cuatro lengüitas recían ya...

¡Desesperación! Inundé otra vez la garganta, hundí los jos en la boca abierta, y vi una infinidad de lengüitas ue retoñaban vertiginosamente...

Desde ese momento fue una locura de velocidad, una arrera furibunda, arrancando, echando el chorro, arranando de nuevo, tornando a echar agua, sin poder domiar aquella monstruosa reproducción. Al fin lancé un rito y disparé. De la boca le salía un pulpo de lenguas ue tanteaban a todos.

¡Las lenguas! Ya comenzaban a pronunciar mi nomre...

El vampiro

—Sí —dijo el abogado Rhode—. Yo tuve esa causa Es un caso, bastante raro por aquí, de vampirismo. Ro gelio Castelar, un hombre hasta entonces normal fuer de algunas fantasías, fue sorprendido una noche en e cementerio arrastrando el cadáver recién enterrado d una mujer. El individuo tenía las manos destrozadas por que había removido un metro cúbico de tierra con la uñas. En el borde de la fosa yacían los restos del ataúd recién quemado. Y como complemento macabro, un gato sin duda forastero, yacía por allí con los riñones rotos Como ven, nada faltaba al cuadro.

En la primera entrevista con el hombre vi que tení que habérmelas con un fúnebre loco. Al principio s obstinó en no responderme, aunque sin dejar un instant de asentir con la cabeza a mis razonamientos. Por fi pareció hallar en mí al hombre digno de oírle. La boc le temblaba por la ansiedad de comunicarse.

—¡Ah! ¡Usted me entiende! —exclamó, fijando en m sus ojos de fiebre. Y continuó con un vértigo de qu apenas puede dar idea lo que recuerdo:

—¡A usted le diré todo! ¡Sí! ¿Qué cómo fue eso del ga... de la gata? ¡Yo! ¡Solamente yo!

—Oigame: Cuando yo llegué... allá, mi mujer...

—¿Dónde *allá*? —le interrumpí.

—Allá... ¿La gata o no? ¿Entonces?... Cuando yo llegué mi mujer corrió como una loca a abrazarme. Y en seguida se desmayó. Todos se precipitaron entonces sobre mí, mirándome con ojos de locos.

¡Mi casa! ¡Se había quemado, derrumbado, hundido con todo lo que tenía dentro! ¡Esa, ésa era mi casa! ¡Pero ella no, mi mujer mía!

Entonces un miserable devorado por la locura me sacudió el hombro, gritándome:

—¿Qué hace? ¡Conteste!

Y yo le contesté:

—¡Es mi mujer! ¡Mi mujer mía que se ha salvado!

Entonces se levantó un clamor:

—¡No es ella! ¡Esa no es!

Sentí que mis ojos, al bajarse a mirar lo que yo tenía entre mis brazos, querían saltarse de las órbitas. ¿No era ésa María, la María de mí, y desmayada? Un golpe de sangre me encendió los ojos y de mis brazos cayó una mujer que no era María. Entonces salté sobre una barrica y dominé a todos los trabajadores. Y grité con la voz ronca:

—¡Por qué! ¡Por qué!

Ni uno solo estaba peinado porque el viento les echaba a todos el pelo de costado. Y los ojos de fuera mirándome.

Entonces comencé a oír de todas partes:

—Murió.

—Murió aplastada.

—Murió.

—Gritó.

—Gritó una sola vez.

—Yo sentí que gritaba.

—Yo también.

—Murió.

—La mujer de él murió aplastada.

—¡Por todos los santos! —grité yo entonces retorciéndome las manos—. ¡Salvémosla, compañeros! ¡Es un deber nuestro salvarla!

Y corrimos todos. Todos corrimos con silenciosa furia a los escombros. Los ladrillos volaban, los marcos caían desescuadrados y la remoción avanzaba a saltos.

A las cuatro yo solo trabajaba. No me quedaba una uña sana, ni en mis dedos había otra cosa que escarbar. ¡Pero en mi pecho! ¡Angustia y furor de tremebunda desgracia que temblaste en mi pecho al buscar a mi María!

No quedaba sino el plano por remover. Había allí un silencio de epidemia, una enagua caída y ratas muertas. Bajo el piano tumbado, sobre el piso granate de sangre y carbón, estaba aplastada la sirvienta.

Yo la saqué al patio, donde no quedaban sino cuatro paredes silenciosas, viscosas de alquitrán y agua. El suelo resbaladizo reflejaba el cielo oscuro. Entonces cogí a la sirvienta y comencé a arrastrarla alrededor del patio. Eran míos esos pasos. ¡Y qué pasos! ¡Un paso, otro paso, otro paso!

En el hueco de una puerta —carbón y agujero, nada más— estaba acurrucada la gata de casa, que había escapado al desastre, aunque estropeada. La cuarta vez que la sirvienta y yo pasamos frente a ella, la gata lanzó un aullido de cólera.

¡Ah! ¿No era yo, entonces?, grité desesperado. ¿No fui yo el que buscó entre los escombros, la ruina y la mortaja de los marcos, un solo pedazo de mi María?

La sexta vez que pasamos delante de la gata, el animal se erizó. La séptima vez se levantó, llevando a la rastra las patas de atrás. Y nos siguió entonces así, esforzándose por mojar la lengua en el pelo engrasado de la sirvienta —¡de *ella*, de María, no maldito rebuscador de cadáveres!

—¡Rebuscador de cadáveres! —repetí yo mirándolo—. ¡Pero entonces eso fue en el cementerio!

El vampiro se aplastó entonces el pelo mientras me miraba con sus inmensos ojos de loco.

—¡Conque sabías entonces! —articuló—. ¡Conque todos lo saben y me dejan hablar una hora! ¡Ah! —rugió en un sollozo echando la cabeza atrás y deslizándose por la pared hasta caer sentado—: ¡Pero quién me dice al miserable yo, aquí, por qué en mi casa me arranqué las uñas para no salvar del alquitrán ni el pelo colgante de mi María!

No necesitaba más, como ustedes comprenden —concluyó el abogado—, para orientarme totalmente respecto del individuo. Fue internado en seguida. Hace ya dos años de esto, y anoche ha salido, perfectamente curado...

—¿Anoche? —exclamó un hombre joven de riguroso luto—. ¿Y de noche se da de alta a los locos?

—¿Por qué no? El individuo está curado, tan sano como usted y como yo. Por lo demás, si reincide, lo que es de regla en estos vampiros, a estas horas debe de estar ya en funciones. Pero estos no son asuntos míos. Buenas noches, señores.

La mancha hiptálmica

—¿Qué tiene esa pared?

Levanté también la vista y miré. No había nada. La pared estaba lisa, fría y totalmente blanca. Sólo arriba, cerca del techo, estaba oscurecida por falta de luz.

Otro a su vez alzó los ojos y los mantuvo un momento inmóviles y bien abiertos, como cuando se desea decir algo que no se acierta a expresar.

—¿P... pared? —formuló al rato.

Esto sí; torpeza y sonambulismo de las ideas, cuánto es posible.

—No es nada —contesté—. Es la mancha hiptálmica.

—¿Mancha?

—...hiptálmica. La mancha hiptálmica. Este es mi dormitorio. Mi mujer dormía de aquel lado... ¡Qué dolor de cabeza!... Bueno. Estábamos casados desde hacía siete meses y anteayer murió. ¿No es esto?... Es la mancha hiptálmica. Una noche mi mujer se despertó sobresaltada.

—¿Qué dices? —le pregunté inquieto.

—¡Qué sueño más raro! —me respondió, angustiada aún.

—¿Qué era?

—No sé, tampoco... Sé que era un drama; un asunto de drama... Una cosa oscura y honda... ¡Qué lástima!

—¡Trata de acordarte, por Dios! —la insté, vivamente interesado. Ustedes me conocen como hombre de teatro...

Mi mujer hizo un esfuerzo.

—No puedo... No me acuerdo más que del título: La mancha tele... hita... ¡hiptálmica! Y la cara atada con un pañuelo blanco.

—¿Qué?...

—Un pañuelo blanco en la cara... La mancha hiptálmica.

—¡Raro! —murmuré, sin detenerme un segundo más a pensar en aquello.

Pero días después mi mujer salió una mañana del dormitorio con la cara atada. Apenas la vi, recordé bruscamente y vi en sus ojos que ella también se había acordado. Ambos soltamos la carcajada.

—¡Sí... sí! —se reía—. En cuanto me puse el pañuelo, me acordé...

—¿Un diente?

—No sé; creo que sí...

Durante el día bromeamos aún con aquello, y de noche, mientras mi mujer se desnudaba, le grité de pronto desde el comedor:

—A que no...

—¡Sí! ¡La mancha hiptálmica! —me contestó riendo.

Me eché a reír a mi vez, y durante quince días vivimos en plena locura de amor.

Después de este lapso de aturdimiento sobrevino un período de amorosa inquietud, el sordo y mutuo acecho de un disgusto que no llegaba y que se ahogó por fin en explosiones de radiante y furioso amor.

Una tarde, tres o cuatro horas después de almorzar, mi mujer, no encontrándome, entró en su cuarto y quedó sorprendida al ver los postigos cerrados. Me vio en la cama, extendido como un muerto.

—¡Federico! —gritó corriendo a mí.

No contesté una palabra, ni me moví. ¡Y era ella, mi mujer! ¿Entienden ustedes?

—¡Déjame! —me desasí con rabia, volviéndome a la pared.

Durante un rato no oí nada. Después, sí: los sollozos de mi mujer, el pañuelo hundido hasta la mitad en la boca.

Esa noche cenamos en silencio. No nos dijimos una palabra, hasta que a las diez mi mujer me sorprendió en cuclillas delante del ropero, doblando con extremo cuidado, y pliegue por pliegue, un pañuelo blanco.

—¡Pero desgraciado! —exclamó desesperada, alzándome la cabeza—. ¡Qué haces!

¡Era ella, mi mujer! Le devolví el abrazo, en plena e íntima boca.

—¿Qué hacía? —le respondí—. Buscaba una explicación justa a lo que nos está pasando.

—Federico... amor mío... —murmuró.

Y la ola de locura nos envolvió de nuevo.

Desde el comedor oí que ella —aquí mismo— se desvestía. Y aullé con amor:

—¿A que no?...

—¡Hiptálmica, hiptálmica! —respondió riendo y desnudándose a toda prisa.

Cuando entré, me sorprendió el silencio considerable de este dormitorio. Me acerqué sin hacer ruido y miré. Mi mujer estaba acostada, el rostro completamente hinchado y blanco. Tenía atada la cara con un pañuelo.

Corrí suavemente la colcha sobre la sábana, me acosté en el borde de la cama, y crucé las manos bajo la nuca.

No había aquí ni un crujido de ropa ni una trepidación lejana. Nada. La llama de la vela ascendía como aspirada por el inmenso silencio.

Pasaron horas y horas. Las paredes, blancas y frías, se oscurecían progresivamente hacia el techo... ¿Qué es eso? No sé...

Y alcé de nuevo los ojos. Los otros hicieron lo mis-
no y los mantuvieron en la pared por dos o tres siglos.
Al fin los sentí pesadamente fijos en mí.

—¿Usted nunca ha estado en el manicomio? —me
dijo uno.

—No, que yo sepa... —respondí.

—¿Y en presidio?

—Tampoco, hasta ahora...

—Pues tenga cuidado, porque va a concluir en uno
u otro.

—Es posible... perfectamente posible... —repuse pro-
curando dominar mi confusión de ideas.

Salieron.

Estoy seguro de que han ido a denunciarme, y acabo de tenderme en el diván: como el dolor de cabeza
continúa, me he atado la cara con un pañuelo blanco.

La crema de chocolate

Ser médico y cocinero a un tiempo es, a más de difícil, peligroso. El peligro vuélvese realmente grave si el cliente lo es del médico y de su cocina. Esta verdad pudo ser comprobada por mí, cierta vez que en el Chaco fui agricultor, médico y cocinero.

Las cosas comenzaron por la medicina, a los cuatro días de llegar allá. Mi campo quedaba en pleno desierto a ocho leguas de toda población, si se exceptúan un obraje y una estanzuela, vecinos a media legua. Mientras íbamos todas las mañanas mi compañero y yo a construir nuestro rancho, vivíamos en el obraje. Una noche de gran frío fuimos despertados mientras dormíamos, por un indio del obraje, a quien acababan de apalear un brazo. El muchacho gimoteaba muy dolorido. Vi en seguida que no era nada, y sí grande su deseo de farmacia. Como no me divertía levantarme, le froté el brazo con bicarbonato de soda que tenía al lado de la cama.

—¿Qué le estás haciendo? —me preguntó mi compañero, sin sacar la nariz de sus plaids.

—Bicarbonato —le respondí—. Ahora —me dirigí al ndio— no te va a doler más. Pero para que haga buen :fecto este remedio, es bueno que te pongas trapos nojados encima.

Claro está, al día siguiente no tenía nada; pero sin a maniobra del polvo blanco encerrado en el frasco zul, jamás el indiecito se hubiera decidido a curarse on sólo trapos fríos.

El segundo eslabón lo estableció el capataz de la es- anzuela con quien yo estaba en relación. Vino un día verme por cierta infección que tenía en una mano, que persistía desde un mes atrás. Yo tenía un bis- urí, y el hombre resistía heroicamente el dolor. Esta loble circunstancia autorizó el destrozo que hice en su arne, sin contar el bicloruro hirviendo, y ocho días lespués mi hombre estaba curado. Las infecciones, por llá, suelen ser de muy fastidiosa duración; mas mi valor el del otro —bien que de distinto carácter— venciéron- o todo.

Esto pasaba ya en nuestro algodonal, y tres meses des- ués de haber sido plantado. Mi amistad con el dueño le la estanzuela, que vivía en su almacén en Resistencia, la bondad del capataz y su mujer, llevábanme a menu- lo a la estancia. La vieja mujer, sobre todo, tenía cierta espetuosa ternura por mi ciencia y mi democracia. De quí que quisiera casarme. A legua y media de casa, en leno estero Arazá, tenía cien vacas y un rebaño de vejas el padre de mi futura.

—¡Pobrecita! —me decía Rosa, la mujer del capataz—. Stá enferma hace tiempo. ¡Flaca, pobrecita! Andá a urarla, don Fernández, y te casás con ella.

Como los esteros rebosaban agua, no me decidía a ir asta ella.

—¿Y es linda? —se me ocurrió un día.

—¡Pero no ha de... don Fernández! Le voy a man- ar a decir al padre, y la vas a curar y te vas a casar on ella.

Desgraciadamente la misma democracia que encantab a la mujer del capataz estuvo a punto de echar abajo m reputación científica.

Una tarde había ido yo a buscar mi caballo sin rienda como lo hacía siempre, y volvía con él a escape, cuand hallé en casa a un hombre que me esperaba. Mi ropa además, dejaba siempre mucho que desear en punto corrección. La camisa de lienzo sin un botón, los brazo arremangados, y sin sombrero ni peinado de ningun especie.

En el patio, un paisano de pelo blanco, muy gordo fresco, vestido evidentemente con lo mejor que tenía me miraba con fuerte sorpresa.

—Perdone, don —se dirigió a mí—. ¿Es ésta la cas de don Fernández?

—Sí, señor —le respondí.

Agregó entonces con visible dubitación de person que no quiere comprometerse.

—¿Y no está él?...

—Soy yo.

El hombre no concluía de disculparse, hasta que s fue con mi receta y la promesa de que iría a ver a s hija.

Fui y la vi. Tosía un poco, estaba flaquísima, aunqu tenía la cara llena, lo que no hacía sino acentuar l delgadez de las piernas. Tenía sobre todo el estómag perdido. Tenía también hermosos ojos, pero al mism tiempo unas abominables zapatillas nuevas de elástic Se había vestido de fiesta, y como lujo de calzado n habitual, las zapatillas aquellas.

La chica —se llamaba Eduarda— digería muy ma y por todo alimento comía tasajo desde que habían em pezado las lluvias. Con el más elemental régimen, l muchacha comenzó a recobrar vida.

—Es tu amor, don Fernández. Te quiere mucho usted —me explicaba Rosa.

Fui en esa primavera dos o tres veces más allá al Araz y lo cierto es que yo podía acaso no ser mal partido par la agradecida familia.

En estas circunstancias, el capataz cumplió años y su ıujer me mandó llamar el día anterior, a fin de que o hiciera un postre para el baile.

A fuerza de paciencia y de horribles quematinas de :che, yo había conseguido llegar a fabricarme budi-es, cremas y hasta huevos quimbos. Como el capataz enía debilidad visible por la crema de chocolate, que abía probado en casa, detúveme en ella, ordenando a .osa que dispusiera para el día siguiente diez litros de :che, sesenta huevos y tres kilos de chocolate. Hubo ue enviar por el chocolate a Resistencia, pero volvió tiempo, mientras mi compañero y yo nos rompíamos ı muñeca batiendo huevos.

Ahora bien, no sé aún qué pasó, pero lo cierto es ue en plena función de crema, la crema se cortó. Y se ortó de modo tal, que aquello convirtióse en esponja e caucho, una madeja de oscuras hilachas elásticas, algo omo estopa empapada en aceite de linaza.

Nos miramos mi compañero y yo: la crema esa pa-ecíase endiabladamente a una muerte súbita. ¿Tirarla privar a la fiesta de su principal atractivo?... No era osible. Luego, a más de que ella era nuestra obra per-onal, siempre muy querida, apagó nuestros escrúpulos l conocimiento que del paladar y estómago de los co-ıensales teníamos. De modo que resolvimos prolongar ı cocción del maleficio, con objeto de darle buena con-istencia. Hecho lo cual apelmazamos la crema en una lla, y descansamos.

No volvimos a casa; comimos allá. Vinieron la noche los mosquitos, y asistimos al baile en el patio. Mi nferma, otra vez con sus zapatillas, había llegado con u familia en una carreta. Hacía un calor sofocante, lo ue no obstaba para que los peones bailaran con el oncho al hombro —el trece de enero.

Nuestro postre debía ser comido a las once. Un rato ntes mi compañero y yo nos habíamos insinuado hipó-ritamente en el comedor, buscando moscas por las aredes.

—Van a morir todos —me decía él en voz baja. Yo, sin creerlo, estaba bastante preocupado por la aceptación que pudiera tener mi postre.

El primero a quien le cupo familiarizarse con él fue el capataz de los carreros del obraje, un hombrón silencioso, muy cargado de hombros y con enormes pies descalzos. Acercóse sonriendo a la mesita, mucho más cortado que mi crema. Se sirvió —a fuerza de cuchillo, claro es— una delicadísima porción. Pero mi compañero intervino presuroso.

—¡No, no, Juan! Sírvase más. —Y le llenó el plato.

El hombre probó con gran comedimiento, mientras nosotros no apartábamos los ojos de su boca.

—¿Eh, qué tal? —le preguntamos—. Rico, ¿eh?

—¡Macanudo, che patrón!

¡Sí! Por malo que fuera aquello, tenía gusto a chocolate. Cuando el hombrón hubo concluido llegó otro y luego otro más. Tocóle por fin el turno a mi futuro suegro. Entró alegre, balanceándose.

—¡Hum!... ¡Parece que tenemos un postre, don Fernández! ¡De todo sabe! ¡Hum!... Crema de chocolate... Yo he comido una vez.

Mi compañero y yo tornamos a mirarnos.

—¡Estamos frescos! —murmuré.

¡Completamente lucidos! ¿Qué podía parecerle la madeja negra a un hombre que había probado ya crema de chocolate? Sin embargo, con las manos muy puestas en los bolsillos, esperamos. Mi suegro probó lentamente.

—¿Qué tal la crema?

Se sonrió y alzó la cabeza, dejando cuchillo y tenedor.

—¡Rico, le digo! ¡Qué don Fernández! —continuó comiendo—. ¡Sabe de todo!

Se supondrá el peso de que nos libró su respuesta. Pero cuando hubieron comido el padre, la madre, la hermana, y le llegó el turno a mi futura, no supe qué hacer.

—¿Eduarda puede comer, eh, don Fernández? —me había preguntado mi suegro.

Yo creía sinceramente que no. Para un estómago sano, aquello estaba bien, aun a razón de un plato sopero por boca. Pero para una dispéptica con digestiones laboriosísimas, mi esponja era un sencillo veneno.

Y me enternecí con la esponja, sin embargo. La muchacha ojeaba la olla con mucho más amor que a mí, y yo pensaba que acaso jamás en la vida seríale dado volver a probar cosa tan asombrosa, hecha por un chacarero médico y pretendiente suyo.

—Sí, puede comer. Le va a gustar mucho —respondí serenamente.

Tal fue mi presentación pública de cocinero. Ninguno murió pero dos semanas después supe por Rosa que mi prometida había estado enferma los días subsiguientes al baile.

—Sí —le dije, verdaderamente arrepentido—. Yo tengo la culpa. No debió haber comido la crema aquella.

—¡Qué crema! ¡Si le gustó, te digo! Es que usted no bailaste con ella; por eso se enfermó.

—No bailé con ninguna.

—¡Pero si es lo que te digo! ¡Y no has ido más a verla, tampoco!

Fui allá por fin. Pero entonces la muchacha tenía realmente novio, un españolito con gran cinto y pañuelo criollos, con quien me había encontrado ya alguna vez en casa de ella.

Los cascarudos

Hasta el día fatal en que intervino el naturalista, la quinta de monsieur Robin era un prodigio de corrección. Había allí plantaciones de yerba mate que, si bien de edad temprana aún, admiraban al discreto visitante con la promesa de magníficas rentas. Luego, viveros de cafetos —costoso ensayo en la región—, de chirimoyas y heveas.

Pero lo admirable de la quinta era su bananal. Monsieur Robin, con arreglo al sistema de cultivo practicado en Cuba, no permitía más de tres vástagos a cada banano pues sabido es que esta planta, abandonada a sí misma se torna en un macizo de diez, quince y más pies. De ahí empobrecimiento de la tierra, exceso de sombra, y lógica degeneración del fruto.

Mas los nativos del país jamás han aclarado sus macizos de bananos, considerando que si la planta tiene de a rodearse de hijos, hay para ello causas muy superiores a las de su agronomía. Monsieur Robin entendía lo mismo y aún más sumisamente, puesto que apenas a planta original echaba de su pie dos vástagos, apronaba pozos para los nuevos bananitos a venir que, tronhados del pie madre, crearían a su vez nueva familia.

De este modo, mientras el bananal de los indígenas, semejanza de las madres muy fecundas cuya descenlencia es al final raquítica, producía mezquinas vaias sin jugo, las cortas y bien nutridas familias de nonsieur Robin se doblaban al peso de magníficos achos.

Pero tal glorioso estado de cosas no se obtiene sino expensas de mucho sudor y de muchas limas gastadas n afilar palas y azadas.

Monsieur Robin, habiendo llegado a inculcar a cinco eones del país la necesidad de todo esto, creyó haber echo obra de bien —aparte de los tres o cuatro mil achos que desde noviembre a mayo bajaban a Posadas.

Así, el destino de monsieur Robin, de sus bananos sus cinco peones parecía asegurado, cuando llegó a Misiones el sabio naturalista Fritz Franke, entomólogo listinguidísimo, y adjunto al Museo de Historia Naural de París. Era un muchacho rubio, muy alto, muy laco, con lentes de miope allá arriba, y enormes botines n los pies. Llevaba pantalón corto, lo acompañaban su sposa y una setter con collar de plata.

Venía el joven sabio efusivamente recomendado a monsieur Robin, y éste puso a su completa disposición a quinta del Yabebirí, con lo cual Fritz Franke pudo ácilmente completar en cuatro o cinco meses sus colecciones sudamericanas. Por lo demás, el capataz recibió de monsieur Robin especial recomendación de ayular al distinguido huésped en cuanto fuere posible.

Fue así como lo tuvimos entre nosotros. En un principio, los peones habían hallado ridículo sobre toda ponderación a aquel bebé de interminables pantorrillas que se pasaba las horas en cuclillas revolviendo yuyos. Alguna vez se detuvieron con la azada en la mano a contemplar aquella zoncísima manera de perder el tiempo. Veían al naturalista coger un bicharraco, darle vueltas en todo sentido, para hundirlo, después de maduro examen, en el estuche de metal. Cuando el sabio se iba los peones se acercaban, cogían un insecto semejante, y después de observarlo detenidamente a su vez, se miraban estupefactos.

Así, a los pocos días, uno de ellos se atrevió a ofrecer al naturalista un cascarudito que había hallado. El peón llevaba muchísima más sorna que cascarudito; pero el coleóptero resultó ser de una especie nueva, y herr Franke, contento, gratificó al peón con cinco cartuchos dieciséis. El peón se retiró, para volver al rato con sus compañeros.

—Entonches, che patrón... ¿te gustan los bichitos? —interrogó.

—¡Oh, sí! Tráiganme todos... Después, regalo.

—No, patrón; te lo vamos a hacer de balde. Don Robin nos dijo que te ayudáramos.

Este fue el principio de la catástrofe. Durante dos meses enteros, sin perder diez segundos en quitar el barro a una azada, los cinco peones se dedicaron a cazar bichitos. Mariposas, hormigas, larvas, escarabajos estercoleros, cantáridas de frutales, guitarreros de palos podridos —cuanto insecto vieron sus ojos, fue llevado al naturalista. Fue aquello un ir y venir constante de la quinta al rancho. Franke, loco de gozo ante el ardor de aquellos entusiastas neófitos, prometía escopetas de uno, dos y tres tiros.

Pero los peones no necesitaban estímulo. No quedaba en la quinta tronco sin remover ni piedra que no dejara al descubierto el húmedo hueco de su encaje. Aquello era, evidentemente, más divertido que carpir. Las cajas del naturalista prosperaron así de un modo asombroso, tanto que a fines de enero dio el sabio por concluida su colección y regresó a Posadas.

—¿Y los peones? —le preguntó monsieur Robin—. ¿No tuvo quejas de ellos?

—¡Oh, no! Muy buenos todos... Usted tiene muy buenos peones.

Monsieur Robin creyó entonces deber ir hasta el Yabebirí a constatar aquella bondad. Halló a los peones como enloquecidos, en pleno furor de cazar bichitos. Pero lo que era antes glorioso vivero de cafetos y chirimoyas, desaparecía ahora entre el monstruoso yuyo de un verano entero. Las plantillas, ahogadas por el vaho quemante de una sombra demasiado baja, habían perdido o la vida o todo un año de avance. El bananal estaba convertido en un plantío salvaje, sucio de pajas, lianas y rebrotes de monte, dentro del cual los bananos asfixiados se agotaban en hijuelos raquíticos. Los cachos, sin fuerza para una plena fructificación, pendían con miserables bananitas, negruzcas.

Esto era lo que quedaba a monsieur Robin de su quinta, casi experimental tres meses antes. Fastidiado hasta el infinito de la ciencia de su ilustre huésped que había enloquecido al personal, despidió a todos los peones.

Pero la mala semilla estaba ya sembrada. A uno de nosotros tocóle la suerte, tiempo después, tomar dos peones que habían sido de la quinta de monsieur Robin. Encargóseles el arreglo urgente de un alambrado —partiendo los mozos con taladros, mechas, llave inglesa y demás. Pero a la media hora estaba uno de vuelta, poseedor de un cascarudito que había hallado. Se le agradeció el obsequio, y retornó a su alambre. Al cuarto de hora volvía el otro peón con otro cascarudito.

A pesar de la orden terminante de no prestar más atención a los insectos, por maravillosos que fueran, regresaron los dos media hora antes de lo debido, a mostrar a su patrón un bichito que jamás habían visto en Santa Ana.

Por espacio de muchos meses la aventura se repitió en diversas granjas. Los peones aquellos, poseídos de verdadero frenesí entomológico, contagiaron a algún otro; y, aún hoy, un patrón que se estime debe acordarse siempre al tomar un nuevo peón:

—Sobre todo, les prohíbo terminantemente que miren ningún bichito.

Pero lo más horrible de todo es que los peones habían visto ellos mismos más de una vez comer alacranes al naturalista. Los sacaba de un tarro y los comía por las patitas...

El Divino

Jamás en el confín aquel se había tenido idea de un eolito. Por esto cuando se vio a Howard asentar el sospechoso aparato en el suelo, mirar por los tubitos y correr tornillos, la gente tuvo por él, sus cintas métricas, niveles y banderitas, un respeto casi diabólico.

Howard había ido al fondo de Misiones, sobre la frontera del Brasil, a medir cierta propiedad que su dueño quería vender con urgencia. El terreno no era grande, pero el trabajo era rudo por tratarse de bosque inextricable y quebradas a prueba de nivel. Howard desempeñóse del mejor de los modos posibles, y se hallaba en plena tarea cuando le acaeció su singular aventura.

El agrimensor habíase instalado en un claro de bosque, y sus trabajos marcharon a maravilla durante el resto del invierno que pudo aprovechar, pero llegó el verano, y con tan húmedo y sofocante principio que el bosque entero zumbó de mosquitos y barigüís, a tal punto que Howard le falló valor para afrontarlos. No siendo por lo demás urgente su trabajo, dispúsose a descansar quince días.

El rancho de Howard ocupaba la cúspide de una loma que descendía al Oeste hasta la vera del bosque. Cuando el sol caía, la loma se doraba y el ambiente cobraba tan transparente frescura que un atardecer, en los treinta y ocho años de Howard revivieron agudas sus grandes glorias de la infancia.

¡Una pandorga! ¡Una cometa! ¿Qué cosa más bella que remontar a esa hora el cabeceador barrilete, la bomba ondulante o el inmóvil lucero? A esa hora, cuando el sol desaparece y el viento cae con él, la pandorga se aquieta. La cola pende entonces inmóvil y el hilo forma una honda curva. Y allá arriba, muy alto, fija en vaguísima tremulación, la pandorga en equilibrio constela triunfalmente el cielo de nuestra industriosa infancia.

Ahora recordaba con sorprendente viveza toda la técnica infantil que jamás desde entonces tornara a subir a su memoria. Y cuando en compañía de su ayudante cortó las tacuaras, tuvo bien cuidado de afinarlas suficientemente en los extremos, y muy poco en el medio: «Una pandorga que se quiebra por el centro, deshonra para siempre a su ingeniero» —meditaba el recelo infantil de Howard.

Y fue hecha. Dispusieron primero los dos cuadros que yuxtapuestos en cruz forman la estrella. Un pliego de seda roja que Howard tenía en su archivo revistió el armazón, y como cola, a falta del clásico orillo de casimir, el agrimensor transformó la pierna de un pantalón suyo en científica cola de pandorga. Y por último los roncadores.

Al día siguiente la ensayaron. Era un sencillo prodigio de estabilidad, tiro y ascensión. El sol traspasaba la seda punzó en escarlata vivo, y al remontarla Howard, la vibrante estrella ascendía tirante aureolada de trémulo ronquido.

Fue al otro día, y en pleno remonte de la cometa cuando oyeron el redoble del tambor. En verdad, más que redoble, aquello era un acompañamiento de comparsa: tan-tan-tan... ratatan... tan-tan...

—¿Qué es eso?

—No sé —repuso el ayudante mirando a todos lados—. Me parece que se acerca…

—Sí, allá veo una comparsa —afirmó Howard.

En efecto, por el sendero que ascendía a la loma, una comitiva con estandarte al frente avanzaba.

—Viene aquí… ¿Qué puede ser eso? —se preguntó Howard, que vivía aislado del mundo.

Un momento después lo supo. Aquello llegó hasta su rancho, y el agrimensor pudo examinarlo detenidamente. Primero que todo, el hombre del tambor, un indio descalzo y con un pañuelo en bandolera; luego una negra gordísima con un mulatillo erizado en brazos, que venía levantando un estandarte. Era un verdadero estandarte de satiné punzó y empenachado de cintas flotantes. En la cúspide, un rosetón de papel calado. Luego seguía en fila: una vieja con un terrible cigarro; un hombre con el saco al hombro; una muchachita; otro hombre en calzoncillos y tirador de arpillera; otra mujer con un chico de pecho; otro hombre; otra mujer con cigarro, y un negro canoso.

Esta era la comitiva. Pero su significado resultó más grave, según fue enterado Howard. Aquello era *El Divino*, como podía verse por la palomita de cera forrada de trapo, atada en el extremo del estandarte. *El Divino* recorría la comarca en ciertas épocas curando los males. Si se daba dinero en recompensa, tanta mayor eficacia.

—¿Y el tambor? —preguntó Howard.

—Es su música —le respondieron.

Aunque Howard y su ayudante gozaban de excelente salud, aceptaron de buen grado la intervención paliativa del Espíritu Santo. De este modo, fue menester que Howard sostuviera de pie al Divino, mientras el tambor comenzaba su piruetesco acompañamiento, y la comitiva cantaba:

Aquí está el Divino
que te viene a visitar.
Dios te dé la salud
que te van a cantar.

El Divino que está ahí
te va a curar
y el señor reciba
mucha felicidad.
Santo alabado sea
el señor y la señora.
Que el Divino les dé felicidad.

....

Y así por el estilo. Claro es que, aunque Howard estaba exento de toda señora, la canción no variaba.

Pero a pesar de la unción medicinal de que estaban poseídos los acólitos, Howard vio muy claramente que éstos no pensaban sino en la pandorga que sostenía el ayudante. La devoraban con los ojos, de modo que sus loas al igual de sus bocas abiertas estaban rectamente dirigidas a la estrella.

Jamás habían visto eso; cosa no extraña en aquellas tenebrosidades, pues mucho más al sur se desconoce también esa industria. Al final fue menester que Howard recogiera la estrella y que la remontara de nuevo. La comparsa no cabía en sí de gozo y lírico asombro. Se fueron por fin con un par de pesos que la porta estandarte ató al cuello del pájaro.

Con lo cual las cosas hubieran proseguido su marcha de costumbre, si al caer del segundo día, y mientras Howard remontaba su estrella, no hubiera llegado de nuevo la procesión.

Howard se asustó, pues casualmente ese día estaba un poco indispuesto. Pensaba ya en echarlos, cuando los sujetos expusieron su pedido: querían la cometa para hacer un Divino; le atarían la paloma en la punta. Y el ruido de los roncadores.

La comparsa sonreía estúpidamente de anticipado deleite. Morirían sin duda si no obtenían aquello.

¡Su pandorga, convertida en Espíritu Santo! Howard halló la circunstancia profundamente casuística. ¿Tendría él, aunque agrimensor y fabricante de su cometa, derecho de impedir aquella como transubstanciación?

Como no creyó tenerlo, entregó el ser sagrado, y en un momento la comitiva ató la paloma a la estrella, enarboló ésta en una tacuara, y presto la comparsa se fue, a gran acompañamiento de tambor, llevando triunfalmente en lo alto de una tacuara la cometa de Howard y sus roncadores vibrantes, transformada en Dios.

Aquello fue evidentemente el más grande éxito registrado en cien leguas a la redonda: aquel brillante Divino con ruido y cola, y que volaba —o más bien que había volado, pues nadie se atrevió a restituirle su antiguo proceder.

Howard vio pasar así muchas veces, siempre triunfante y otorgadora de bienes, a su pandorga celestial que echaba melancólicamente de menos. No se atrevía a hacer otra por algo de mística precaución.

Mas pese a esto, un día un viejo del lugar, algo leguleyo por haber vivido un tiempo en países más civilizados, se quejó vagamente a Howard de que éste se hubiera burlado de aquella pobre gente dándoles la cometa.

—De ningún modo —se disculpó Howard.

—Sí, de ningún modo... sí, sí —repitió pensativo el viejo, tratando de recordar qué querría decir de *ningún modo*. Pero no pudo conseguirlo, y Howard pudo concluir su mensura sin que el viejo ni nadie se atreviera a afrontar su sabiduría.

El canto del cisne

Confieso tener antipatía a los cisnes blancos. Me han parecido siempre gansos griegos, pesados, patizambos y bastante malos. He visto así morir el otro día uno en Palermo sin el menor trastorno poético. Estaba echado de costado en el ribazo, sin moverse. Cuando me acerqué, trató de levantarse y picarme. Sacudió precipitadamente las patas, golpeándose dos o tres veces la cabeza contra el suelo y quedó rendido, abriendo desmesuradamente el pico. Al fin estiró rígidas las uñas, bajó lentamente los párpados duros y murió.

No le oí canto alguno, aunque sí una especie de ronquido sibilante. Pero yo soy hombre, verdad es, y ella tampoco estaba. ¡Qué hubiera dado por escuchar ese diálogo! Ella está absolutamente segura de que oyó eso y de que jamás volverá a hallar en hombre alguno la expresión con que él la miró.

Mercedes, mi hermana, que vivió dos años en Martínez, lo veía a menudo. Me ha dicho que más de una vez le llamó la atención su rareza, solo siempre e indiferente a todo, arqueado en una fina silueta desdeñosa.

La historia es ésta: En el lago de una quinta de Iartínez había varios cisnes blancos, uno de los cuas individualizábase en la insulsez genérica por su modo e ser. Casi siempre estaba en tierra, con las alas peadas y el cuello inmóvil en honda curva. Nadaba poco, umás peleaba con sus compañeros. Vivía completamente partado de la pesada familia, como un fino retoño que ubiera roto ya para siempre con la estupidez natal. uando alguien pasaba a su lado, se apartaba unos pasos, olviendo a su vaga distracción. Si alguno de sus comañeros pretendía picarlo, se alejaba despacio y aburrio. Al caer la tarde, sobre todo, su silueta inmóvil y istinta destacábase de lejos sobre el césped sombrío, ando a la calma morosa del crepúsculo una húmeda uietud de vieja quinta.

Como la casa en que vivía mi hermana quedaba cera de aquélla, Mercedes lo vio muchas tardes en que alió a caminar con sus hijos. A fines de octubre una mabilidad de vecinos la puso en relación con Celia, y e aquí los pormenores de su idilio.

Aún Mercedes se había fijado en que el cisne parecía ener particular adversión a Celia. Esta bajaba todas s tardes al lago, cuyos cisnes la conocían bien en razón e las galletitas que les tiraba.

Unicamente aquél evitaba su aproximación. Celia lo otó un día, y fue decidida a su encuentro; pero el sne se alejó más aún. Ella quedó un rato mirándolo orprendida, y repitió su deseo de familiaridad, con igual esultado. Desde entonces, aunque usó de toda malicia, o pudo nunca acercarse a él. Permanecía inmóvil e diferente cuando Celia bajaba al lago; pero si ésta traaba de aproximarse oblicuamente fingiendo ir a otra arte, el cisne se alejaba en seguida.

Una tarde, cansada ya, lo corrió hasta perder el alieno y dos pinchos. Fue en vano. Sólo cuando Celia no se reocupaba de él, él la seguía con los ojos.

—¡Y sin embargo, estaba tan segura de que me odiaa!— le dijo la hermosa chica a mi hermana, después ue todo concluyó.

Y esto fue en un crepúsculo apacible. Celia, que ba
jaba las escaleras, lo vio de lejos echado sobre el céspe
a la orilla del lago. Sorprendida de esa poco habitua
confianza en ella, avanzó incrédula en su dirección; per
el animal continuó tendido. Celia llegó hasta él, y recié
entonces pensó que podría estar enfermo. Se agach
apresuradamente y le levantó la cabeza. Sus mirada
se encontraron, y Celia abrió la boca de sorpresa, l
miró fijamente y se vio obligada a apartar los ojos
Posiblemente la expresión de esa mirada anticipó, amen
guándola, la impresión de las palabras. El cisne cerr
los ojos.

—Me muero —dijo.

Celia dio un grito y tiró violentamente lo que tení
en las manos.

—Yo no la odiaba —murmuró él lentamente, el cuell
tendido en tierra.

Cosa rara, Celia le ha dicho a mi hermana que a
verlo así, por morir, no se le ocurrió un momento pre
guntarle cómo hablaba. Los pocos momentos que dur
la agonía se dirigió a él y lo escuchó como a un sim
ple cisne, aunque hablándole sin darse cuenta de usted
por su voz de hombre.

Arrodillóse y afirmó sobre su falda el largo cuello
acariciándolo.

—¿Sufre mucho? —le preguntó.

—Sí, un poco...

—¿Por qué no estaba con los demás?

—¿Para qué? No podía...

Como se ve, Celia se acordaba de todo.

—¿Por qué no me quería?

El cisne cerró los ojos:

—No, no es eso... Mejor era que me apartara...
Sufrir más...

Tuvo una convulsión y una de sus grandes alas de
plegadas rodeó las rodillas de Celia.

—Y sin embargo, la causa de todo y sobre todo d
esto —concluyó el cisne, mirándola por última vez

muriendo en el crepúsculo, a que el lago, la humedad y la ligera belleza de la joven daba viejo encanto de mitología:

—...Ha sido mi amor a ti...

Dieta de amor

Ayer de mañana tropecé en la calle con una muchacha delgada, de vestido un poco más largo que lo regular y bastante mona, a lo que me pareció. Me volví a mirarla y la seguí con los ojos hasta que dobló la esquina, tan poco preocupada ella por mi plantón como pudiera haberlo estado mi propia madre. Esto es frecuente.

Tenía, sin embargo, aquella figurita delgada un tan aire de modesta prisa en pasar inadvertida, un tan franco desinterés respecto de un badulaque cualquiera que con la cara dada vuelta está esperando que ella se vuelva a su vez, tan cabal indiferencia, en suma, que me encantó, bien que yo fuera el badulaque que la seguía en aquel momento.

Aunque yo tenía que hacer, la seguí y me detuve en la misma esquina. A la mitad de la cuadra ella cruzó y entró en un zaguán de casa de altos.

La muchacha tenía un traje oscuro y muy tensas las medias. Ahora bien, deseo que me digan si hay una cosa en que se pierda mejor el tiempo que en seguir con la imaginación el cuerpo de una chica muy bien calzada que va trepando una escalera. No sé si ella contaba los escalones; pero juraría que no me equivoqué en un solo número y que llegamos juntos a un tiempo al vestíbulo.

Dejé de verla, pues. Pero yo quería deducir la condición de la chica del aspecto de la casa, y seguí adelante, por la vereda opuesta.

Pues bien, en la pared de la misma casa, y en una gran chapa de bronce, leí:

DOCTOR SWINDENBORG
FÍSICO DIETÉTICO

¡Físico dietético! Está bien. Era lo menos que me podía pasar esa mañana. Seguir a una mona chica de traje azul marino, efectuar a su lado una ideal ascensión de escalera, para concluir...

¡Físico dietético!... ¡Ah, no ! ¡No era ése mi lugar, por cierto! ¡Dietético! ¿Qué diablos tenía yo que hacer con una muchacha anémica, hija o pensionista de un físico dietético? ¿A quién se le puede ocurrir hilvanar, como una sábana, estos dos términos disparatados: amor y dieta? No era todo eso una promesa de dicha, por cierto. ¡Dietético!... ¡No, por Dios! Si algo debe comer, y comer bien, es el amor. Amor y dieta... ¡No, con mil diablos!

Esto era ayer de mañana. Hoy las cosas han cambiado. La he vuelto a encontrar, en la misma calle, y sea por la belleza del día o por haber adivinado en mis ojos quién sabe qué religiosa vocación dietética, lo cierto es que me ha mirado.

«Hoy la he visto..., la he visto... y me ha mirado...»

¡Ah, no! Confieso que no pensaba precisamente en el final de la estrofa, lo que yo pensaba era esto: cuál debe ser la tortura de un grande y noble amor, constantemente sometido a los éxtasis de una inefable dieta...

Pero que me ha mirado, esto no tiene duda. La seguí como el día anterior; y como el día anterior, mientras con una idiota sonrisa iba soñando tras los zapatos de charol, tropecé con la placa de bronce:

DOCTOR SWINDENBORG
FÍSICO DIETÉTICO

¡Ah! ¿Es decir, que nada de lo que yo iba soñando podría ser verdad? ¿Era posible que tras los aterciopelados ojos de mi muchacha no hubiera sino una celestial promesa de amor dietético?

Debo creerlo así, sin duda, porque hoy, hace apenas una hora, ella acaba de mirarme en la misma calle y en la misma cuadra; y he leído claro en sus ojos el alborozo de haber visto subir límpido a mis ojos un fraternal amor dietético...

Han pasado cuarenta días. No sé ya qué decir, a no ser que estoy muriendo de amor a los pies de mi chica de traje oscuro... Y si no a sus pies, por lo menos a su lado, porque soy su novio y voy a su casa todos los días.

Muriendo de amor... Y sí, muriendo de amor, porque no tiene otro nombre esta exhausta adoración sin sangre. La memoria me falta a veces: pero me acuerdo muy bien de la noche que llegué a pedirla.

Había tres personas en el comedor —porque me recibieron en el comedor—: el padre, una tía y ella. El comedor era muy grande, muy mal alumbrado y muy frío. El doctor Swindenborg me oyó de pie, mirándome sin decir una palabra. La tía me miraba también, pero desconfiada. Ella, mi Nora, estaba sentada a la mesa y no se levantó.

Yo dije todo lo que tenía que decir, y me quedé mirando también. En aquella casa podía haber de todo; pero lo que es apuro, no. Pasó un momento aún, y el padre me miraba siempre. Tenía un inmenso sobretodo peludo, y las manos en los bolsillos. Llevaba un grueso pañuelo al cuello y una barba muy grande.

—¿Usted está bien seguro de amar a la muchacha? —me dijo, al fin.

—¡Oh, lo que es eso! —le respondí.

No contestó nada, pero me siguió mirando.

—¿Usted come mucho? —me preguntó.

—Regular —le respondí, tratando de sonreírme.

La tía abrió entonces la boca y me señaló con el dedo como quien señala un cuadro:

—El señor debe comer mucho... —dijo.

El padre volvió la cabeza a ella:

—No importa —objetó—. No podríamos poner trabas en su vía...

Y volviéndose esta vez a su hija, sin quitar las manos de los bolsillos:

—Este señor te quiere hacer el amor —le dijo—. ¿Tú quieres?

Ella levantó los ojos tranquila y sonrió:

—Yo, sí —repuso.

—Y bien —me dijo entonces el doctor, empujándome del hombro—. Usted es ya de la casa; siéntese y coma con nosotros.

Me senté enfrente de ella y cenamos. Lo que comí esa noche, no sé, porque estaba loco de contento con el amor de mi Nora. Pero sé muy bien lo que hemos comido después, mañana y noche, porque almuerzo y ceno con ellos todos los días.

Cualquiera sabe el gusto agradable que tiene el té, y esto no es un misterio para nadie. Las sopas claras son también tónicas y predisponen a la afabilidad.

Y bien: mañana a mañana, noche a noche, hemos tomado sopas ligeras y una liviana taza de té. El caldo es la comida, y el té es el postre; nada más.

Durante una semana entera no puedo decir que haya sido feliz. Hay en el fondo de todos nosotros un instinto de rebelión bestial que muy difícilmente es vencido. A las tres de la tarde comenzaba la lucha; y ese rencor del estómago digeriéndose a sí mismo de hambre; esa constante protesta de la sangre convertida a su vez en una sopa fría y clara, son cosas éstas que no se las deseo a ninguna persona, aunque esté enamorada.

Una semana entera la bestia originaria pugnó por clavar los dientes. Hoy estoy tranquilo. Mi corazón tiene cuarenta pulsaciones en vez de sesenta. No sé ya lo que es tumulto ni violencia, y me cuesta trabajo pensar que los bellos ojos de una muchacha evoquen otra cosa que una inefable y helada dicha sobre el humo de dos tazas de té.

De mañana no tomo nada, por paternal consejo del doctor. A mediodía tomamos caldo y té, y de noche caldo y té. Mi amor, purificado de este modo, adquiere día a día una transparencia que sólo las personas que vuelven en sí después de una honda hemorragia pueden comprender.

Nuevos días han pasado. Las filosofías tienen cosas regulares y a veces algunas cosas malas. Pero la del doctor Swindenborg —con su sobretodo peludo y el pañuelo al cuello— está impregnada de la más alta idealidad. De todo cuanto he sido en la calle, no queda rastro alguno. Lo único que vive en mí, fuera de mi inmensa debilidad, es mi amor. Y no puedo menos de admirar la elevación de alma del doctor, cuando sigue con ojos de orgullo mi vacilante paso para acercarme a su hija.

Alguna vez, al principio, traté de tomar la mano de mi Nora, y ella lo consintió por no disgustarme. El doctor lo vio y me miró con paternal ternura. Pero esa noche, en vez de hacerlo a las ocho, cenamos a las once. Tomamos solamente una taza de té.

No sé, sin embargo, qué primavera mortuoria había aspirado yo esa tarde en la calle. Después de cenar quise repetir la aventura, y sólo tuve fuerzas para levantar la mano y dejarla caer inerte sobre la mesa, sonriendo de debilidad como una criatura.

El doctor había dominado la última sacudida de la fiera.

Nada más desde entonces. En todo el día, en toda a casa, no somos sino dos sonámbulos de amor. No engo fuerzas más que para sentarme a su lado, y así asamos las horas, helados de extraterrestre felicidad, on la sonrisa fija en las paredes.

Uno de estos días me van a encontrar muerto, estoy eguro. No hago la menor recriminación al doctor Swinlenborg, pues si mi cuerpo no ha podido resistir a esa ácil prueba, mi amor, en cambio, ha apreciado cuanto le desdeñable ilusión va ascendiendo con el cuerpo de ina chica de oscuro que trepa una escalera. No se culpe, ues, a nadie de mi muerte. Pero a aquellos que por asualidad, me oyeran, quiero darles este consejo de un iombre que fue un día como ellos:

Nunca, jamás, en el más remoto de los jamases, pongan los ojos en una muchacha que tiene mucho o poco ue ver con un físico dietético.

Y he aquí por qué:

La religión del doctor Swindenborg —la de más alta dealidad que yo haya conocido, y de ello me vanaglo-io al morir por ella— no tiene sino una falla, y es sta: haber unido en un abrazo de solidaridad al Amor la Dieta. Conozco muchas religiones que rechazan el nundo, la carne y el amor. Y algunas de ellas son no-ables. Pero admitir el amor, y darle por único alimento a dieta, es cosa que no se le ha ocurrido a nadie. Esto s lo que yo considero una falla del sistema; y acaso or el comedor del doctor vaguen de noche cuatro o inco desfallecidos fantasmas de amor, anteriores a mí.

Que los que lleguen a leerme huyan, pues, de toda nuchacha mona cuya intención manifiesta sea entrar en na casa que ostenta una gran chapa de bronce. Puede allarse allí un gran amor, pero puede haber también nuchas tazas de té.

Y yo sé lo que es esto.

Polea loca

En una época en que yo tuve veleidades de ser empleado nacional, oí hablar de un hombre que durante los dos años que desempeñó un puesto público no contestó una sola nota.

—He aquí un hombre superior —me dije—. Merece que vaya a verlo.

Porque debo confesar que el proceder habitual y forzoso de contestar cuanta nota se recibe es uno de los inconvenientes más grandes que hallaba yo a mi aspiración. El delicado mecanismo de la administración nacional —nadie lo ignora— requiere que toda nota que se nos hace el honor de dirigir, sea fatal y pacientemente contestada. Una sola comunicación puesta de lado, la más insignificante de todas, trastorna hasta lo más hondo de sus dientes el engranaje de la máquina nacional. Desde las notas del presidente de la República a las de un oscuro cabo de policía, todas exigen respuesta en igual grado, todas encarnan igual nobleza administrativa, todas tienen igual austera trascendencia.

Es, pues, por esto que, convencido y orgulloso, como buen ciudadano, de la importancia de esas funciones, no me atrevía francamente a jurar que todas las notas que yo recibiera serían contestadas. Y he aquí que me aseguraban que un hombre, vivo aún, había permanecido dos años en la Administración Nacional, sin contestar —ni enviar, desde luego— ninguna nota...

Fui, por consiguiente, a verlo, en el fondo de la república. Era un hombre de edad avanzada, español, de mucha cultura —pues esta intelectualidad inesperada al pie de un quebracho, en una fogata de siringal o en un aduar del Sahara, es una de las tantas sorpresas del trópico.

Mi hombre se echó a reír de mi juvenil admiración cuando le conté lo que me llevaba a verlo. Me dijo que no era cierto —por lo menos el lapso transcurrido sin contestar una sola nota—. Que había sido encargado escolar en una colonia nacional, y que, en efecto, había dejado pasar algo más de un año sin acusar recibo de nota alguna. Pero que eso tenía en el fondo poca importancia, habiendo notado por lo demás...

Aquí mi hombre se detuvo un instante, y se echó a reír de nuevo.

—¿Quiere usted que le cuente algo más sabroso que todo esto? —me dijo—. Verá usted un modelo de funcionario público... ¿Sabe usted qué tiempo dejó pasar ese tal sin dignarse echar una ojeada a lo que recibía? Dos años y algo más. ¿Y sabe usted qué puesto desempeñaba? Gobernador... Abra usted ahora la boca.

En efecto, lo merecía. Para un tímido novio —digámoslo así— de la Administración Nacional, nada podía abrirme más los ojos sobre la virtud de mi futura que las hazañas de aquel don Juan administrativo... Le pedí que me contara todo, si lo sabía, y a escape.

—¿Si lo sé? —me respondió—. ¿Si conozco bien a mi funcionario? Como que yo fui el gobernador que le sucedió... Pero, óigame más bien desde el principio. Era en... En fin, suponga usted que el ochenta y tantos. Yo acababa de regresar a España, mal curado aún de unas fiebres cogidas en el golfo de Guinea. Había hecho un crucero de cinco años, abasteciendo a las factorías españolas de la costa. El último año lo pasé en Elobey Chico... ¿Usted sabe su geografía, sí?

—Sí, toda; continúe.

—Bien. Sabrá usted entonces que no hay país más malsano en el *mundo entero,* así como suena, que la región del delta del Níger. Hasta ahora, no hay mortal nacido en este planeta que pueda decir, después de haber cruzado frente a las bocas del Níger:

—No tuve fiebre...

Comenzaba, pues, a restablecerme en España, cuando un amigo, muy allegado al Ministerio de Ultramar, me propuso la gobernación de una de las cuatrocientas y tantas islas que pueblan las Filipinas. Yo era, según él, el hombre indicado, por mi larga actuación entre negros y negritos.

—Pero no entre malayos —respondí a mi protector—. Entiendo que es bastante distinto...

—No crea usted: es la misma cosa —me aseguró—. Cuando el hombre baja más de dos o tres grados en su color, todos son lo mismo... En definitiva: ¿le conviene a usted? Tengo facultades para hacerle dar el destino en seguida.

Consulté un largo rato con mi conciencia, y más profundamente con mi hígado. Ambos se atrevían, y acepté.

—Muy bien —me dijo entonces mi padrino—. Ahora que es usted de los nuestros, tengo que ponerlo en conocimiento de algunos detalles. ¿Conoce usted, siquiera de nombre, al actual gobernador de su isla, Félix Pérez Zúñiga?

—No; fuera del escritor... —le dije.

—Ese no es Félix —me objetó—. Pero casi, casi valen tanto el uno como el otro... Y no lo digo por mal. Pues bien: desde hace dos años no se sabe lo que pasa allá. Se han enviado millones de notas, y crea usted que las últimas son capaces de ponerle los pelos de punta al funcionario peor nacido... Y nada, como si tal cosa.

Jsted llevará, conjuntamente con su nombramiento, la lestitución del personaje. ¿Le conviene siempre?

Ciertamente, me convenía... a menos que el fantás-ico gobernador fuera de genio tan vivo cuan grande ra su llaneza en eso de las notas.

—No tal —me respondió—. Según informes, es todo o contrario... Creo que se entenderá usted con él a naravillas.

No había, pues, nada que decir. Di aún un poco de olaz a mi hígado, y un buen día marché a Filipinas. Eso sí, llegué en un mal día, con un colazo de tifón n el estómago y el malhumor del gobernador general obre mi cabeza. A lo que parece, se había prescindido astante de él en ese asunto. Logré, sin embargo, con-iliarme su buena voluntad y me dirigí a mi isla, tan a rasmano de toda ruta marítima que si no era ella el in del mundo era evidentemente la tumba de toda co-nunicación civilizada.

Y abrevio, pues noto que usted se fatiga... ¿No? 'ues adelante... ¿En qué estábamos? ¡Ah! En cuanto lesembarqué di con mi hombre. Nunca sufrí desengaño gual. En vez del tipo macizo, atrabiliario y gruñón ue me había figurado a pesar de los informes, tropecé on un muchacho joven de ojos azules —grandes ojos e pájaro alegre y confiado—. Era alto y delgado, muy alvo para su edad, y el pelo que le restaba —abundante los costados y tras la cabeza— era oscuro y muy ndeado. Tenía la frente y la calva muy lustrosas. La oz muy clara, y hablaba sin apresurarse, con largas ntonaciones de hombre que no tiene prisa y goza expo-iendo y recibiendo ideas.

Total: un buen muchacho, inteligente sin duda, muy xpansivo y cordial y con aire de atreverse a ser feliz ondequiera que se hallase.

—Pase usted, siéntese —me dijo—. Esté todo lo a usto que quiera. ¿No desea tomar nada? ¿No, nada? Ni aun chocolate?... El que tengo es detestable, pero ale la pena probarlo... Oiga su historia: el otro día un uque costero llegó hasta aquí, y me trajo diez libras de cacao..., lo mejor de lo mejor entre los cacaos. Encargu de la faena a un indígena inteligentísimo en la manufac tura del chocolate. Ya lo conocerá usted. Se tostó el ca cao, se molió, se le incorporó el azúcar —también d primera—, todo a mi vista y con extremas precauciones ¿Sabe usted lo que resultó? Una cosa imposible. ¿Quier usted probarlo? Vale la pena... Después me escribir usted desde España cómo se hace eso... ¡Ah, no vuelv usted!... ¿Se queda, sí? ¿Y será usted el nuevo gober nador, sin duda?... Mis felicitaciones...

¿Cómo aquel feliz pájaro podía ser el malhechor admi nistrativo a quien iba a reemplazar?

—Sí —continuó él—. Hace ya veintidós meses que n debía ser yo gobernador. Y no era difícil adivinarle usted. Fue cuando adquirí el conocimiento pleno de qu jamás podría yo llegar a contestar una nota en adelante ¿Por qué? Es sumamente complicado esto... Más tard le diré algo, si quiere... Y entre tanto, le haré entreg de todo, cuando usted lo desee... ¿Ya?... Pues comen cemos.

Y comenzamos, en efecto. Primero que todo, quise en terarme de la correspondencia oficial recibida, puesto qu yo debía estar bien informado de la remitida.

—¿Las notas dice usted? Con mucho gusto. Aqu están.

Y fue a poner la mano sobre un gran barril abierto en un rincón del despacho.

Francamente, aunque esperaba mucho de aquel fun cionario, no creí nunca hallar pliegos con membret real amontonados en el fondo de un barril...

—Aquí está —repitió siempre con la mano en el borde y mirándome con la misma plácida sonrisa.

Me acerqué, pues, y miré. Todo el barril, y era in menso, estaba efectivamente lleno de notas; pero toda sin abrir. ¿Creerá usted? Todas tenían su respectiv sobre intacto, hacinadas como diarios viejos con faja aún Y el hombre tan tranquilo. No sólo no había contes tado una sola comunicación, lo que ya sabía yo; per ni aun había tenido a bien leerlas...

No pude menos de mirarlo un momento. El hizo lo nismo, con una sonrisa de criatura cogida en un desliz, ›ero del que tal vez se enorgullece. Al fin se echó a eír y me cogió de un brazo.

—Escúcheme —me dijo—. Sentémonos, y hablaremos. Es tan agradable hallar una sorpresa como la suya, lespués de dos años de aislamiento! ¡Esas notas!... Quiere usted, francamente, conservar por el resto de u vida la conciencia tranquila y menos congestionado u hígado? —se le ve en la cara en seguida...—. ¿Sí? 'ues no conteste usted jamás una nota. Ni una sola si- uiera. No cree, es claro... ¡Es tan fuerte el prejuicio, eñor mío! ¿Y sabe usted de qué proviene? Proviene encillamente de creer, como en la Biblia, que la admi- istración de una nación es una máquina con engranajes, oleas y correas, todo tan íntimamente ligado, que la etención o el simple tropiezo de una minúscula rueda entada es capaz de detener todo el maravilloso meca- ismo. ¡Error, profundo error! Entre la augusta mano ue firma Yo y la de un carabinero que debe poner odos sus ínfimos títulos para que se sepa que existe, ay una porción de manos que podrían abandonar sus arras sin que por ello el buque pierda el rumbo. La aquinaria es maravillosa, y cada hombre es una rueda entada, en efecto. Pero las tres cuartas partes de ellas on poleas locas, ni más ni menos. Giran también, y arecen solidarias del gran juego administrativo; pero n verdad dan vueltas en el aire, y podrían detenerse lgunas centenas de ellas sin trastorno alguno. No, créa- ne usted a mí, que he estudiado el asunto todo el tiem- o libre que me dejaba la digestión de mi chocolate... 'o hay tal engranaje continuo y solidario desde el ca- abinero a su majestad el rey. Es ello una de las tantas osas que en el fondo solemos y simulamos ignorar... No? Pues aquí tiene usted un caso flagrante... Usted a visto la isla, la cara de sus habitantes, bastante más ordos que yo; ha visto al señor gobernador general; a atravesado el mundo, y viene de España. Ahora bien: Ha visto usted señales de trastorno en parte alguna?

¿Ha notado usted algún balanceo peligroso en la nave de Estado? ¿Cree usted sinceramente que la marcha de l Administración Nacional se ha entorpecido, en la canti dad de un pelo entre dos dientes de engranaje, porqu yo haya tenido a bien sistemáticamente, no abrir not alguna? Me destituyen, y usted me reemplaza, y apren derá a hacer buen chocolate... Esto es el trastorno.. ¿No cree usted?

Y el hombre, siempre con la rodilla entre las manos me miraba con sus azules ojos de pájaro complaciente muy satisfecho, al parecer, de que a él lo destituyera y de que yo lo reemplazara.

—Precisa que yo le diga a usted, ahora que conoc mi propia historia de cuando fui encargado escolar, qu aquel diablo de muchacho tenía una seducción de todo los demonios. No sé si era lo que se llama un hombr equilibrado; pero su filosofía pagana, sin pizca de acri tud, tentaba fabulosamente, y no pasó rato sin que sim patizáramos del todo.

Procedía, sin embargo, no dejarme embriagar.

—Es menester —le dije formalizándome un tanto— que yo abra esa correspondencia.

Pero mi muchacho me detuvo del brazo, mirándom atónito:

—¿Pero está usted loco? —exclamó—. ¿Sabe usted l que va a encontrar allí? ¡No sea criatura, por Dios Queme todo eso, con barril y todo, y láncelo a la playa..

Sacudí la cabeza y metí la mano en el baúl. Mi hom bre se encogió entonces de hombros y se echó de nuev en su sillón, con la rodilla muy alta entre las mano Me miraba hacer de reojo, moviendo la cabeza y son riendo al final de cada comunicación.

¿Usted supone, no, lo que dirían las últimas nota dirigidas a un empleado que desde hacía dos años se l braba muy bien de contestar a una sola? Eran simpl mente cosas para hacer ruborizar, aun en un cuarto osc ro, al funcionario de menos vergüenza... Y yo deb cargar con todo eso, y contestar una por una a todas.

—¡Ya se lo había yo prevenido! —me decía mi muchacho con voz compasiva—. Va usted a sudar mucho más cuando deba contestar... Siga mi consejo, que aún es tiempo: haga un Judas con barril y notas, y se sentiré feliz.

¡Estaba bien divertido! Y mientras yo continuaba leyendo, mi hombre, con su calva luciente, su aureola de pelo rizado y su guardapolvo de brin de hilo, proseguía balanceándose, muy satisfecho de la norma a que había logrado ajustar su vida.

Yo transpiraba copiosamente, pues cada nueva nota era una nueva bofetada, y concluí por sentir debilidad.

—¡Ah, ah! —se levantó—. ¿Se halla cansado ya? ¿Desea tomar algo? ¿Quiere probar mi chocolate? Vale la pena, ya le dije...

Y a pesar de mi gesto desabrido, pidió el chocolate y lo probé. En efecto, era detestable; pero el hombre quedó muy contento.

—¿Vio usted? No se puede tomar. ¿A qué atribuir esto? No descansaré hasta saberlo... Me alegro de que no haya podido tomarlo, pues así cenaremos temprano. Yo lo hago siempre con luz de día aún... Muy bien; comeremos de aquí a una hora, y mañana proseguiremos con las notas y demás...

Yo estaba cansado, bien cansado. Me di un hermosísimo baño, pues mi joven amigo tenía una instalación portentosa de *confort* en esto. Cenamos, y un rato después mi huésped me acompañó hasta mi cuarto.

—Veo que es usted hombre precavido —me dijo al verme retirar un mosquitero de la maleta—. Sin este chisme, no podría usted dormir. Solamente yo no lo uso aquí.

—¿No le pican los mosquitos? —le pregunté, extrañado a medias solamente.

—¿Usted cree? —me respondió riendo y llevándose la mano a su calva frente—. Muchísimo... Pero no puedo soportar eso... ¿No ha oído hablar usted de personas que se ahogan dentro de mosquiteros? Es una tontería, si usted quiere, una neurosis inocente, pero se sufre en realidad. Venga usted a ver mi mosquitero.

Fuimos hasta su cuarto o, mejor dicho, hasta la puerta de su cuarto. Mi amigo levantó la lámpara hasta los ojos, y miré. Pues bien: toda la altura y la anchura de la puerta estaba cerrada por una verdadera red de telarañas, una selva inextricable de telarañas donde no cabía la cabeza de un fósforo sin hacer temblar todo el telón. Y tan lleno de polvo, que parecía un muro. Por lo que pude comprender, más que ver, la red se internaba en el cuarto, sabe Dios hasta dónde.

—¿Y usted duerme aquí? —le pregunté mirándolo un largo momento.

—Sí —me respondió con infantil orgullo—. Jamás entra un mosquito. Ni ha entrado ni creo que entre jamás.

—Pero usted ¿por dónde entra? —le pregunté, mu preocupado.

—¿Yo, por dónde entro? —respondió. Y agachándose me señaló con la punta del dedo—: por aquí. Haciéndolo con cuidado, y en cuatro patas, la cosa no tien mayor dificultad... Ni mosquitos ni murciélagos... ¿Polvo? No creo que pase; aquí tiene la prueba. Adentro está muy despejado... y limpio, crea uste ¿Ahogarme?... No, lo que ahoga es lo artificial, el mo quitero a cincuenta centímetros de la boca... ¿Se aho usted dentro de una habitación cerrada por el frío? hay —concluyó con la mirada soñadora— una especie dencanso primitivo en este sueño defendido por millon de arañas que velan celosamente la quietud de uno. ¿No lo cree usted así? No me mire con esos ojos. ¡Buenas noches, señor gobernador! —concluyó riendo sacudiéndose ambas manos.

A la mañana siguiente, muy temprano, pues éram uno y otro muy madrugadores, proseguimos nuestra rea. En verdad, no faltaba sino recibirme de los libr de cuentas, fuera de insignificancias de menor cuantí

—¡Es cierto! —me respondió—. Existen también libros de cuentas... Hay, creo yo, mucho que pens sobre eso... Pero lo haré después, con tiempo. En instante lo arreglaremos. ¡Urquijo! Hágame el favor

raer los libros de cuentas. Verá usted que en un mo-
ıento... No hay nada anotado, como usted compren-
erá; pero en un instante... Bien, Urquijo; siéntese
sted ahí; vamos a poner los libros en forma. Comience
sted.

El secretario, a quien había entrevisto apenas la tarde
nterior, era un sujeto de edad, muy bajo y muy flaco,
uraño, silencioso y de mirar desconfiado. Tenía la cara
ojiza y lustrosa, dando la sensación de que no se lavaba
unca. Simple apariencia, desde luego, pues su vieja
opa negra no tenía una sola mancha. Su cuello de
luloide era tan grande, que dentro de él cabían dos
escuezos como el suyo. Tipo reconcentrado y de mirar
esconfiado como nadie.

Y comenzó el arreglo de cuentas más original que
aya visto en mi vida. Mi amigo se sentó enfrente del
cretario y no apartó un instante la vista de los libros
ientras duró la operación. El secretario recorría re-
bos, facturas y operaba en voz alta:

—Veinticinco meses de sueldos al guardafaro, a tanto
or mes, es tanto y tanto...

Y multiplicaba al margen de un papel.

Su jefe seguía los números en línea quebrada, sin pes-
ñear. Hasta que, por fin, extendió el brazo:

—No, no, Urquijo... Eso no me gusta. Ponga: un
es de sueldo al guardafaro, a tanto por mes, es tanto
tanto. Segundo mes de sueldo al guardafaro, a tanto
or mes, es tanto y tanto; tercer mes de sueldo... Siga
í, y sume. Así entiendo claro.

Y volviéndose a mí:

—Hay yo no sé qué cosa de brujería y sofisma en
s matemáticas, que me da escalofríos... ¿Creerá us-
d que jamás he llegado a comprender la multiplica-
ón? Me pierdo en seguida... Me resultan diabólicos
os números sin ton ni son que se van disparando todos
cia la izquierda... Sume, Urquijo.

El secretario, serio y sin levantar los ojos, como si
era aquello muy natural, sumaba en voz alta, y mi
nigo golpeaba entonces ambas manos sobre la mesa:

—Ahora sí —decía—; esto es bien claro.

Pero a una nueva partida de gastos, el secretario s olvidaba, y recomenzaba:

—Veinticinco meses de provisión de leña, a tanto po mes, es tanto y tanto…

—¡No, no! ¡Por favor, Urquijo! Ponga: un mes d provisión de leña, a tanto por mes, es tanto y tanto… segundo mes de provisión de leña…, etcétera. Sum después.

Y así continuó el arreglo de libros, ambos con dem níaca paciencia, el secretario, olvidándose siempre empeñado en multiplicar al margen del papel y su je deteñiéndolo con la mano para ir a una cuenta clara sobre todo honesta.

—Aquí tiene usted sus libros en forma —me dijo n hombre al final de cuatro largas horas, pero sonriend siempre con sus grandes ojos de pájaro inocente.

Nada más me queda por decirle. Permanecí nuev meses escasos allá, pues mi hígado me llevó otra v a España. Más tarde, mucho después, vine aquí com contador de una empresa… El resto ya lo sabe. E cuanto a aquel singular muchacho, nunca he vuelto saber nada de él… Supongo que habrá solucionado fin el misterio de por qué su chocolate, hecho con el mentos de primera, había salido tan malo…

Y en cuanto a la influencia del personaje… ya sab mi actuación de encargado escolar… Jamás, entre p réntesis, marcharon mejor los asuntos de la escuela. Créame: las tres cuartas partes de las ideas del per grino mozo son ciertas… Incluso las matemáticas…

Yo agrego ahora: las matemáticas, no sé; pero en resto —Dios me perdone— le sobraba razón. Así, parecer, lo comprendió también la Administración, reh sando admitirme en el manejo de su delicado mecanism

Miss Dorothy Phillips, mi esposa

Yo pertenezco al grupo de los pobres diablos que alen noche a noche del cinematógrafo enamorados de ına estrella. Me llamo Guillermo Grant, tengo treinta un años, soy alto, delgado y trigueño —como cuadra, efectos de la exportación, a un americano del sur—. Estoy apenas en regular posición, y gozo de buena salud. Voy pasando la vida sin quejarme demasiado, muy oco descontento de la suerte, sobre todo cuando he odido mirar de frente un par de hermosos ojos todo l tiempo que he deseado.

Hay hombres, mucho más respetables que yo desde uego, que si algo reprochan a la vida es no haberles lado tiempo para redondear un hermoso pensamiento. on personas de vasta responsabilidad moral ante ellos nismos, en quienes no cabe, ni en posesión ni en comrensión, la frivolidad de mis treinta y un años de exisencia. Yo no he dejado, sin embargo, de tener amaruras, aspiracioncitas, y por mi cabeza ha pasado una ue otra vez algún pensamiento. Pero en ningún instante la angustia y el ansia han turbado mis horas como al sentir detenidos en mí, dos ojos de gran belleza.

Es una verdad clásica que no hay hermosura completa si los ojos no son el primer rasgo bello del semblante. Por mi parte, si yo fuera dictador decretaría la muerte de toda mujer que presumiera de hermosa, teniendo los ojos feos. Hay derecho para hacer saltar una sociedad de abajo arriba, y el mismo derecho —pero al revés— para aplastarla de arriba abajo. Hay derecho para muchísimas cosas. Pero para lo que no hay derecho, ni lo habrá nunca es para usurpar el título de belleza cuando la dama tiene los ojos de ratón. No importa que la boca, la nariz, el corte de cara sean admirables. Faltan los ojos, que son todo.

—El alma se ve en los ojos —dijo alguien—. Y el cuerpo también, agrego yo. Por lo cual, erigido en comisario de un comité ideal de Belleza Pública, enviaría sin otro motivo al patíbulo a toda dama que presumiera de bella teniendo los ojos antedichos. Y tal vez a dos o tres amigas.

Con esta indignación —y los deleites correlativos— he pasado los treinta y un años de mi vida esperando esperando.

¿Esperando qué? Dios lo sabe. Acaso el bendito país en que las mujeres consideran cosa muy ligera mirar largamente en los ojos a un hombre a quien ven por primera vez. Porque no hay suspensión de aliento, absorción más paralizante que la que ejercen dos ojos extraordinariamente bellos. Es tal, que ni aun se requiere que los ojos nos miren con amor. Ellos son en sí mismos el abismo, el vértigo en que el varón pierde la cabeza —sobre todo cuando no puede caer en él— Esto, cuando nos miran por casualidad; porque si el amor es la clave de esa casualidad, no hay entonces locura que no sea digna de ser cometida por ellos.

Quien esto anota es un hombre de bien, con ideas juiciosas y ponderadas. Podrá parecer frívolo pero l que dice no lo es. Si una pulgada de más o de menos en la nariz de Cleopatra —según el filósofo— hubiera cambiado el mundo, no quiero pensar en lo que podía haber pasado si aquella señora llega a tener los ojos más hermosos de lo que los tuvo; el Occidente desplazado hacia el Oriente trescientos años antes —y el resto.

Siendo como soy, se comprende muy bien que el advenimiento del cinematógrafo haya sido para mí el comienzo de una nueva era, por la cual cuento las noches sucesivas en que he salido mareado y pálido del cine, porque he dejado mi corazón, con todas sus pulsaciones, en la pantalla que impregnó por tres cuartos de hora el encanto de Brownie Vernon.

Los pintores odian al cinematógrafo porque dicen que en éste la luz vibra infinitamente más que en sus cuadros. Lo ideal, para los pobres artistas, sería pintar cuadros *cinematográficos*. Lo comprendo bien. Pero no sé si ellos comprenderán la vibración que sacude a un pobre mortal, de la cabeza a los pies, cuando una hermosísima muchacha nos tiende por una hora su propia vibración personal al alcance de la boca.

Porque no debe olvidarse que contadísimas veces en la vida nos es dado ver tan de cerca a una mujer como en la pantalla. El paso de una hermosa chica a nuestro lado constituye ya una de las pocas cosas por las cuales valga la pena retardar el paso, detenerlo, volver la cabeza —y perderla—. No abundan estas pequeñas felicidades.

Ahora bien: ¿qué es este fugaz deslumbramiento ante el vértigo sostenido, torturador, implacable, de tener toda una noche a diez centímetros, los ojos de Mildred Harris? ¡A diez, cinco centímetros! Piénsese en esto. Como aun en el cinematógrafo hay mujeres feas, las pestañas de una mísera, vistas a tal distancia, parecen varas de mimbre. Pero cuando una hermosa estrella detiene y abre el paraíso de sus ojos, de toda la vasta sala, y la guerra europea, y el éter sideral, no queda nada más que el profundo edén de melancolía que desfallece en los ojos de Miriam Cooper.

Todo esto es cierto. Entre otras cosas, el cinematógrafo es, hoy por hoy, un torneo de bellezas sumamente expresivas. Hay hombres que se han enamorado de un retrato y otros que han perdido para siempre la razón por tal o cual mujer a la que nunca conocieron. Por mi parte, cuanto pudiera yo perder —incluso la vergüenza— me parecería un bastante buen negocio si al final de la aventura Marion Davies —pongo por caso— me fuera otorgada por esposa.

Así, provisto de esta sensibilidad un poco anormal, no es de extrañar mi asiduidad al cine, y que las más de las veces salga de él mareado. En ciertos malos momentos he llegado a vivir dos vidas distintas: una durante el día, en mi oficina y el ambiente normal de Buenos Aires, y la otra de noche, que se prolonga hasta el amanecer. Porque sueño, sueño siempre. Y se querrá creer que ellos, mis sueños, no tienen nada que envidiar a los de soltero —ni casado— alguno.

A tanto he llegado, que no sé en esas ocasiones con quién sueño: Edith Roberts... Wanda Hawley... Dorothy Phillips... Miriam Cooper...

Y este cuádruple paraíso ideal, soñado, mentido, todo lo que se quiera, es demasiado mágico, demasiado vivo, demasiado rojo para las noches blancas de un jefe de sección de ministerio.

¿Qué hacer? Tengo ya treinta y un años y no soy, como se ve, una criatura. Dos únicas soluciones me quedan. Una de ellas es dejar de ir al cinematógrafo. La otra...

Aquí un paréntesis. Yo he estado dos veces a punto de casarme. He sufrido en esas dos veces lo indecible pensando, calculando a cuatro decimales las probabilidades de felicidad que podían concederme mis dos prometidas. Y he roto las dos veces.

La culpa no estaba en ellas —podrá decirse—, sino n mí, que encendía el fuego y destilaba una esencia ue no se había formado aún. Es muy posible. Pero ara algo me sirvió mi ensayo de química, y cuanto medité y torné a meditar hasta algunos hilos de plata en as sienes, puede resumirse en este apotegma:

No hay mujer en el mundo de la cual un hombre —así la conozca desde que usaba pañales— pueda decir: ına vez casada será así y así; tendrá este *real* carácter estas *tales* reacciones.

Sé de muchos hombres que no se han equivocado, y é de otro en particular cuya elección ha sido un verdadero hallazgo, que me hizo esta profunda observación:

—Yo soy el hombre más feliz de la tierra con mi muer; pero no te cases nunca.

Dejemos; el punto se presta a demasiadas interpretaiones para insistir, y cerrémosle con una leyenda que, lo que entiendo, estaba grabada en las puertas de una eliz población de Grecia.

Cada cual sabe lo que pasa en su casa.

Ahora bien; de esta convicción expuesta he deducido sta otra: la única esperanza posible para el que ha esistido hasta los treinta años al matrimonio es casarse nmediatamente con la primera chica que le guste o le aya gustado mucho al pasar; sin saber quién es, ni ómo se llama, ni qué probabilidades tiene de hacernos eliz; ignorándolo todo, en suma, menos que es joven que tiene bellos ojos.

En diez minutos, en dos horas a lo más —el tiempo ecesario para las formalidades con ella o los padres y l R. C.—, la desconocida de media hora antes se conierte en nuestra íntima esposa.

Ya está. Y ahora, acodados al escritorio, nos ponemos meditar sobre lo que hemos hecho.

No nos asustemos demasiado, sin embargo. Creo sinramente que una esposa tomada en estas condiciones o está mucho más distante de hacernos feliz que cualquiera otra. La circunstancia de que hayamos tratad uno o dos años a nuestra novia (en la sala, novias novios son sumamente agradables), no es infalible ga rantía de felicidad. Aparentemente el previo y larg conocimiento supone otorgar esa garantía. En la prác tica, los resultados son bastante distintos. Por lo cua vuelvo a creer que estamos tanto o más expuestos hallar bondades en una esposa improvisada que decep ciones en la que nuestra madura elección juzgó ideal

Dejemos también esto. Sirva, por lo menos, para auto rizar la resolución muy honda del que escribe estas lí neas, que tras el curso de sus inquietudes ha decidid casarse con una estrella de cine.

De ellas, en resumen, ¿qué sé? Nada, o poco meno que nada. Por lo cual mi matrimonio vendría a ser lo qu fue originariamente: una verdadera conquista, en qu toda esposa deseada —cuerpo, vestidos y perfumes— es un verdadero hallazgo. Queremos creer que el novi menos devoto de su prometida conoce, poco o mucho el gusto de sus labios. Es un placer al que nada s puede objetar, si no es que roba a las bodas lo que de bería ser su primer dulce tropiezo. Pero para el hombr que a dichas bodas llegue con los ojos vendados, el sol roce del vestido, cuyo tacto nunca ha conocido, ser para él una brusca novedad cargada de amor.

No ignoro que esta mi empresa sobrepasa casi la fuerzas de un hombre que está apenas en regular posi ción; las estrellas son difíciles de obtener. Allá vere mos. Entre tanto, mientras pongo en orden mis asun tos y obtengo la licencia necesaria, establezco el siguient cuadro, que podríamos llamar de diagnóstico diferencial

Miriam Cooper — Dorothy Phillips — Brownie Ve non — Grace Cunard.

El caso Cooper es demasiado evidente para no lleva consigo su sentencia: demasiado delgada. Y es lástim orque los ojos de esta chica merecen bastante más que l nombre de un pobre diablo como yo. Las mujeres lacas son encantadoras en la calle, bajo las manos de n modisto, y siempre y toda vez que el objeto a admiar sea, no la línea del cuerpo, sino la del vestido. Fuera le estos casos, poco agradables son.

El caso Phillips es más serio, porque esta mujer tiene na inteligencia tan grande como su corazón, y éste, casi anto como sus ojos.

Brownie Vernon: fuera de la Cooper, nadie ha abierto os ojos al sol con más hermosura en ellos. Su sola onrisa es una aurora de felicidad.

Grace Cunard, ella, guarda en sus ojos más picardía que Alice Lake, lo que es ya bastante decir. Muy inteigente también; *demasiado,* si se quiere.

Se notará que lo que busca el autor es un matrimonio *or los ojos.* Y de aquí su desasosiego, porque, si bien e mira, una mano más o menos descarnada o un ánulo donde la piel debe ser tensa, pesan menos que la nelancolía insondable, que está muriendo de amor, en os ojos de María.

Elijo, pues, por esposa, a miss Dorothy Phillips. Es asada, pero no importa.

El momento tiene para mí seria importancia. He viido treinta y un años pasando por encima de dos noiazgos que a nada me condujeron. Y ahora tengo viviimo interés en destilar la felicidad —a doble condenador esta vez— y con el fuego debido.

Como plan de campaña he pensado en varios, y todos lependientes de la necesidad de figurar en ellos como ombre de fortuna. ¿Cómo, si no, miss Phillips se seniría inclinada a aceptar mi mano, sin contar el previo livorcio con su mal esposo?

Tal simulación es fácil, pero no basta. Precisa además revestir mi nombre de una cierta responsabilidad n el orden artístico, que un jefe de sección de miniserio no es común posea. Con esto y la protección del lios que está más allá de las probabilidades lógicas, ambio de estado.

Con cuanto he podido hallar de chic en recortes y
una profusión verdaderamente conmovedora de retrato
y cuadros de estrellas, he ido a ver a un impresor.

—Hágame —le dije— un número único de esta ilus
tración. Deseo una cosa extraordinaria como papel, im
presión y lujo.

—¿Y estas observaciones? —me consultó—. ¿Tricro
mías?

—Desde luego.

—¿Y aquí?

—Lo que ve.

El hombre hojeó lentamente una por una las página
y me miró.

—De esta ilustración no se va a vender un solo ejem
plar —me dijo.

—Ya lo sé. Por esto no haga sino uno solo.

—Es que ni éste se va a vender.

—Me quedaré con él. Lo que deseo ahora es saber qu
podrá costar.

—Estas cosas no se pueden contestar así... Pong
ocho mil pesos, que pueden resultar diez mil.

—Perfectamente; pongamos diez mil como máxim
por diez ejemplares. ¿Le conviene?

—A mí, sí; pero a usted creo que no.

—A mí, también. Apróntemelos, pues, con la rapide
que den sus máquinas.

Las máquinas de la casa impresora en cuestión so
una maravilla; pero lo que le he pedido es algo par
poner a prueba sus máximas virtudes. Véase, si no; un
ilustración tipo *L'Illustration* en su número de Navidad
pero cuatro veces más voluminosa. Jamás, como publi
cación quincenal, se ha visto nada semejante.

De diez mil pesos, y aun cincuenta mil, yo puedo dis
poner para la campaña. No más, y de aquí mi aristo
crático empeño en un tiraje reducidísimo. Y el impreso
tiene, a su vez razón de reírse de mi pretensión d
poner en venta tal número.

En lo que se equivoca, sin embargo, porque mi pla
es mucho más sencillo. Con ese número en la manc

el cual soy director, me presentaré ante empresarios, ccionistas, directores de escena y artistas del cine, como uien dice: en Buenos Aires, capital de Sud América, e las estancias y del entusiasmo por las estrellas, se bricán estas pequeñeces. Y los yanquis, a mirarse a cara.

A los compatriotas de aquí que hallen que esta cominación rasa como una tangente a la estafa, les diré que enen mil veces razón. Y más aún: como el constituir- en editor de tal publicación supone conjuntamente on una devoción muy viva por las bellas actrices, una rtuna también ardiente, la segunda parte de mi plan onsiste en pasar por hombre que se ríe de unas deceas de miles de pesos para hacer su gusto. Segunda stafa, como se ve, más rasante que la interior.

Pero los mismos puritanos apreciarán que yo juego ucho para ganar muy poco: dos ojos, por hermosos ue sean, no han constituido nunca un valor de bolsa.

Y si al final de mi empresa obtengo esos ojos, y ellos e devuelven en una larga mirada el honor que perdí or conquistarlos, creo que estaré en paz con el mundo, onmigo mismo, y con el impresor de mi revista.

Estoy a bordo. No dejo en tierra sino algunos amios y unas cuantas ilusiones, la mitad de las cuales se omieron como bombones mis dos novias. Llevo conigo la licencia por seis meses, y en la valija los diez jemplares. Además, un buen número de cartas, porque ae de su peso que a mi edad no considero bastante ara acercarme a miss Phillips, toda la psicología de ue he hecho gala en las anteriores líneas.

¿Qué más? Cierro los ojos y veo, allá lejos, flamear n la noche una bandera estrellada. Allá voy, divina ncógnita, estrella divina y vendada como el Amor.

Por fin en Nueva York, desde hace cinco días. He enido poca suerte, pues una semana antes se ha iniciado la temporada en Los Angeles. El tiempo es mag nífico.

—No se queje de la suerte —me ha dicho mientra almorzábamos mi informante, un alto personaje del cin matógrafo—. Tal como comienza el verano, tendrán all luz como para impresionar a oscuras. Podrá ver a toda las estrellas que parecen preocuparle, y esto en los ta lleres, lo que será muy halagador para ellas; y a plen sol, lo que no lo será tanto para usted.

—¿Por qué?

—Porque las estrellas de día lucen poco. Tienen man chas y arrugas.

—Creo que su esposa, sin embargo —me he atrevido— es...

—Una estrella. También ella tiene esas cosas. Por est puedo informarle. Y si quiere un consejo sano, se l voy a dar. Usted, por lo que puedo deducir, tiene fo tuna; ¿no es cierto?

—Algo.

—Muy bien. Y lo que es más fácil de ver: tiene u confortante entusiasmo por las actrices. Por lo tanto, usted se irá a pasear por Europa con una de ellas será muerto por la vanidad y la insolencia de su estre lla, o se casará usted y se irán a su estancia de Bueno Aires, donde entonces será usted quien la mate a ella a lazo limpio. Es un modo de decir, pero expresa l cosa. Yo estoy casado.

—Yo no; pero he hecho algunas reflexiones sobre e matrimonio...

—Bien. ¿Y las va a poner en práctica casándose co una estrella? Usted es un hombre joven. En South Ame rica todos son jóvenes en este orden. De negocios n entienden la primera parte de un *film*; pero en cues tiones de faldas van a prisa. He visto a algunos corre muy ligero. Su fortuna, ¿la ganó o la ha heredado?

—La heredé.

—Se conoce. Gástela a gusto.

Y con un cordial y grueso apretón de manos me dej hasta el día siguiente.

Esto pasaba anteayer. Volví dos veces más, en las uales amplió mis conocimientos. No he creído deber nterarlo a fondo de mis planes, aunque el hombre podría serme muy útil por el vasto dominio que tiene de a cosa —lo que no le ha impedido, a pesar de todo—, asarse con una estrella.

—En el cielo del cine —me ha dicho de despedida—, ay estrellas, asteroides y cometas de larga cola y ninuna sustancia dentro. ¡Ojo, amigo... *panamericano*! También entre ustedes está de moda este *film*? Cuanlo vuelva lo llevaré a comer con mi mujer; quedará ncantada de tener un nuevo admirador más. ¿Qué caras lleva para allá?... No, no; rompa eso. Espere un egundo... Esto sí. No tiene más que presentarse y asarse. *¡Ciao!*

Al partir el tren me he quedado pensando en dos coas; que aquí también el *¡ciao!* aligera notablemente as despedidas, y que por poco que tropiece con dos o res tipos como este demonio escéptico y cordial, senriré el *frío del matrimonio*.

Esta sensación particularísima la sufren los solteros omprometidos, cuando en la plena, somnolienta y feliz listracción que les proporciona su libertad, recuerdan bruscamente que al mes siguiente se casan. ¡Animo, corazón!

El escalofrío no me abandona, aunque estoy ya en Los Angeles y esta tarde veré a Phillips.

Mi informante de Nueva York tenía cien veces razón; sin las cartas que él me dio no hubiera podido acercarme ni aun a las espaldas de un director de escena. Entre otros motivos, parece que los astrónomos de mi jaez abundan en Los Angeles —efecto del destello estelar—. He visto así allanadas todas las dificultades, y dentro de dos o tres horas asistiré a la filmación de *La gran pasión*, de la Blue Bird, con la Phillips, Stowell, Chaney y demás, ¡por fin!

He vuelto a tener ricos informes de otro personaje Tom H. Burns, accionista de todas las empresas, prime recomendado de mi amigo neyorquino. Ambos pertene cen al mismo tipo rápido y cortante. Estas gentes nad parecen ignorar tanto como la perífrasis.

—Que usted ha tenido suerte —me dijo el nuevo per sonaje— se ve con sólo mirarlo. La Universal había pro yectado un *raíd* por el Arizona, con el grupo Blue Bird Buen país aquél. Una víbora de cascabel ha estado punto de concluir con Chaney el año pasado. Hay má de las que se merece el Arizona. No se fíe, si va allá ¿Y su ilustración?... ¡Ah!, muy bien, ¿Esto lo hicieron ustedes en la Argentina? Magnífico. Cuando yo teng la fortuna suya voy a hacer también una zoncera com ésta. Zoncera, en boca de un buen yanqui, ya sabe l que quiere decir. ¡Ah, ah!... Todas las estrellas. Y al gunas repetidas. Demasiado repetidas es la palabra, par un simple editor. ¿Usted es el editor?

—Sí.

—No tenía la menor duda. ¿Y la Phillips? Hay lo me nos ocho retratos suyos.

—Tenemos en la Argentina una estimación muy gran de por esta artista.

—¡Ya lo creo! Esto se ve con sólo mirarle a usted la cara. ¿Le gusta?

—Bastante.

—¿Mucho?

—Locamente.

—Es un buen modo de decir. Hasta luego. Lo esper a las tres en la Universal.

Y se fue. Todo lo que pido es que este sentimient hacia la Phillips, que, según parece, *se me ve en seguid en la cara,* no sea visto por ella. Y si lo ve, que lo guard su corazón y me lo devuelvan sus ojos.

Mientras escribo esto no me conformo del todo co la idea de que ayer vi a Dorothy Phillips, a ella misma con su cuerpo, su traje y sus ojos. Algo imprevisto me había ocupado la tarde, de modo que apenas pude llegar al taller cuando el grupo Blue Bird se retiraba al centro.

—Ha hecho mal —me dijo mi amigo—. ¿Trae su ilustración? Mejor; así podrá hojeársela a su favorita. Venga con nosotros al bar. ¿Conoce a aquel tipo?

—Sí; Lon Chaney.

—El mismo. Tenía los pliegues de la boca más marcados cuando se acostó con el crótalo. Ahí tiene a su estrella. Acérquese.

Pero alguno lo llamó, y Burns se olvidó de mí hasta la mitad de la tarde, ocupado en chismes del oficio.

En la mesa del bar —éramos más de quince— yo ocupé un rincón de la cabecera, lejos de la Phillips, a cuyo lado mi amigo tomó asiento. Y si la miraba yo a ella no hay para qué insistir. Yo no hablaba, desde luego, pues no conocía a nadie; ellos, por su parte, no se preocupaban en lo más mínimo de mí, ocupados en cruzar la mesa de diálogos en voz muy alta.

Al cabo de una hora Burns me vio.

—¡Hola! —me gritó—. Acérquese aquí. Duncan, deje su asiento, y cambiélo por el del señor. Es un amigo reciente, pero de unos puños magníficos para hacerse ilusiones. ¿Cierto? Bien, siéntese. Aquí tiene a su estrella. Puede acercarse más. Dolly, le presento a mi amigo Grant, Guillermo Grant. Habla inglés, pero es sudamericano, como a mil leguas de México. ¡Ojalá se hubieran quedado con el Arizona! No la presento a usted, porque mi amigo la conoce. ¿La ilustración, Grant? Usted verá, Dolly, si digo bien.

No tuve más remedio que tender el número, que mi amigo comenzó a hojear del lado derecho de la Phillips.

—Vaya viendo, Dolly. Aquí, como es usted. Aquí, como era en la *Lola Morgan*...

Le pasó el número, que ella prosiguió hojeando con una sonrisa.

Mi amigo había dicho ocho, pero eran doce los retratos de ella.

Sonreía siempre, pasando rápidamente la vista sobre sus fotografías, hasta que se dignó volverse a mí:

—¿Suya, verdad, la edición? Es decir, ¿usted la dirige?

—Sí, señora.

Aquí una buena pausa, hasta que concluyó el número. Entonces mirándome por primera vez en los ojos me dijo:

—Estoy encantada...

—No deseaba otra cosa.

—Muy amable. ¿Podría quedarme con este número?

Como yo demorara un instante en responder, ella añadió:

—Si le causa la menor molestia...

—¿A él? —volvió la cabeza a nosotros mi amigo—. No.

—No es usted, Tom —objetó ella—, quien debe responder.

A lo que repuse mirándola a mi vez en los ojos con tanta cordialidad como ella a mí un momento antes:

—Es que el solo hecho, miss Phillips, de haber dado en la revista doce fotografías suyas me excusa de contestar a su pedido.

—*Miss* —observó mi amigo, volviéndose de nuevo—. Muy bien. Un kanaca de tres años no se equivocaría. Pero para un americano de allá abajo no hay diferencia. *Mistress* Phillips, aquí presente, tiene un esposo. Aunque bien mirado... Dolly, ¿ya arregló eso?

—Casi. A fin de semana, me parece...

—Entonces, *miss* de nuevo. Grant: si usted se casa divórciese; no hay nada más seductor, a excepción de la propia mujer, después. *Miss*. Usted tenía razón hace un momento. Dios le conserve siempre ese olfato.

Y se despidió de nosotros.

—Es nuestro mejor amigo —me dijo la Phillips—. Sin él, que sirve de lazo de unión, no sé qué sería de las empresas unas en contra de las otras.

No respondí nada, claro está, y ella aprovechó la feliz ircunstancia para volverse al nuevo ocupante de su lerecha y no preocuparse en absoluto de mí.

Quedé virtualmente solo, y bastante triste. Pero coно tengo muy buen estómago, comí y bebí con digna ranquilidad que dejó, supongo, bien sentado mi nomre a este respecto.

Así, al retirarnos en comparsa, y mientras cruzábanos el jardín para alcanzar los automóviles, no me exrañó que la Phillips se hubiera olvidado hasta de sus loce retratos en mi revista —y ¡qué diremos de mí!—. ero cuando puso un pie en el automóvil se volvió a ar la mano a alguno, y *entonces* alcanzó a verme.

—¡Señor Grant! —me gritó—. No se olvide de que os prometió ir al taller esta noche.

Y levantando el brazo, con ese adorable saludo de la nano suelta que las artistas dominan a la perfección:

—*¡Ciao!* —se despidió.

Tal como está planteado este asunto, hoy por hoy, ueden deducirse dos cosas:

Primera. Que soy un desgraciado tipo si pretendo otra osa que ser un *south* americano salvaje y millonario.

Segunda. Que la señorita Phillips se preocupa muy oco de ambos aspectos, a no ser para recordarme por *asualidad* una invitación que no se me había hecho.

—«No se olvide que lo esperamos...»

Muy bien. Tras de mi color trigueño hay dos o tres stancias que se pueden obtener fácilmente, sin neceidad en lo sucesivo de hacer muecas en la pantalla. Jn sudamericano es y será toda la vida un rastacuero, nagnífico marido que no pedirá sino cajones de chamaña a las tres de la mañana, en compañía de su esosa y de cuatro o cinco amigos solteros. Tal piensa niss Phillips.

Con lo que se equivoca profundamente.

Adorada mía: un sudamericano puede no entender e negocios ni la primera parte de un *film*; pero si se trata de una falda, no es el cónclave entero de cinematografistas quien va a caldear el mercado a su capricho. Mucho antes, allá, en Buenos Aires, cambié lo que me quedaba de vergüenza por la esperanza de poseer dos bellos ojos.

De modo que, yo soy quien dirige la operación, y yo quien me pongo en venta, con mi acento latino y mis millones, *¡Ciao!*

A las diez en punto estaba en los talleres de la Universal. La protección de mi prepotente amigo me colocó junto al director de escena, inmediatamente debajo de las máquinas, de modo que pude seguir hito a hito la impresión de varios cuadros.

No creo que haya muchas cosas más artificiales e incongruentes que las escenas de interior del *film*. Y lo más sorprendente, desde luego es que los actores lleguen a expresar con naturalidad una emoción cualquiera ante la comparsa de tipos plantados a un metro de sus ojos, observando su juego.

En el teatro, a quince o treinta metros del público, concibo muy bien que un actor, cuya novia del caso está junto a él en la escena, pueda expresar más o menos bien un amor fingido. Pero en el taller el escenario desaparece totalmente, cuando los cuadros son de detalle. Aquí el actor permanece quieto y solo mientras la máquina se va aproximando a su cara, hasta tocarla casi. Y el director le grita:

—Mire ahora aquí... Ella se ha ido, ¿entiende? Usted cree que la va a perder... ¡Mírela con melancolía... ¡Más! ¡Eso no es melancolía!... Bueno, ahora, sí... ¡La luz!

Y mientras los focos inundan hasta enceguecerlo la cara del infeliz, él permanece mirando con aire de enamorado a una escoba o a un tramoyista, ante el rostro aburrido del director.

Sin duda alguna se necesita una muy fuerte dosis de desparpajo para expresar no importa qué en tales circunstancias. Y ello proviene de que Dios hizo el pudor del alma para los hombres y algunas mujeres, pero no para los actores.

Admirables, de todos modos, estos seres que nos muestran luego en la totalidad del *film* una caracterización sumamente fuerte a veces. En *Casa de muñecas,* por ejemplo, obra laboriosamente interpretada en las tablas, está aún por nacer la actriz que pueda medirse con la Nora de Dorothy Phillips, aunque no se oiga su voz ni sea ésta de oro, como la de Sarah.

Y de paso sea dicho: todo el concepto latino del cine vale menos que un humilde *film* yanqui, a diez centavos. Aquél pivota entero sobre la afectación, y en éste suele hallarse muy a menudo la divina condición que es primera en las obras de arte, como en las cartas de amor: la sinceridad, que es la verdad de expresión interna y externa.

«Vale más una declaración de amor torpemente hecha en prosa, que una afiligranada en verso.»

Este humilde aforismo de los jóvenes da la razón de cuándo el arte es obra de modistas, y cuándo de varones.

—Sí, pero las gentes no lo ven —me decía Stowell cuando salíamos del taller—. Usted conoce las concesiones ineludibles al público en cada *film.*

—Desde luego; pero el mismo público es quien ha hecho la fama del arte de ustedes. Algo pesca siempre; algo hay de lúcido en la honradez —aun la artística— que abre los ojos del mismo ciego.

—En el país de usted es posible; pero en Europa levantamos siempre resistencia. Cuántas veces pueden no dejar de imputarnos lo que ellos llaman falta de expresión, y que no es más que falta de gesticulación. Ésta les encanta. Los hombres, sobre todo, les resultamos sobrios en exceso. Ahí tiene, por ejemplo, *Sendero de espinas.* Es el trabajo que he hecho más a gusto... ¿Se va? Venga con nosotros al bar. ¡Oh, la mesa es grande!... ¡Dolly!

La interpelada, que cruzaba ya el veredón, se volvió.

—Dolly, lleve al señor Grant al bar. Thedy se llevó mi auto.

—¡Y sí! Siento no poder llevarlo, Stowell... Está lleno.

—Si me permite podríamos ir en mi máquina —me ofrecí.

—¡Ya lo creo! Entre, Stowell. ¡Cuidado! Usted cada vez se pone más grande.

Y he aquí cómo hice el primer viaje en automóvil con Dorothy Phillips, y cómo he sentido también por primera vez el roce de su falda —¡y nada más!

Stowell, por su parte, me miraba con atención, debida, creo, a la rareza de hallar conceptos razonables sobre arte en un hijo pródigo de la Argentina. Por lo cual hicimos mesa aparte en el bar. Y para satisfacer del todo su curiosidad, me dejé ir a diversas impresiones, incluso las anotadas más arriba, sobre el taller.

Stowell es inteligente. Es además, el hombre que en este mundo ha visto más cerca el corazón de la Phillips desmayándosele en los ojos. Este privilegio suyo crea así entre nosotros un tierno parentesco que yo soy el único en advertir.

A excepción de Burns.

—Buenas noches a uno y otro —nos ha puesto las manos en los hombros—. ¿Bien, Stowell? No puede ir. ¿Cuántos cuadros? No adelantan gran cosa, que digamos. ¿Y usted, Grant? ¿Adelanta algo? No responda, es inútil...

—¿Se me ve también en la cara? —no he podido menos de reírme.

—Todavía, no; lo que se ve desde ya es que a Stowell alcanza también su efusión. Dolly quiere almorzar mañana con usted y Stowell. No está segura de que sean doce las fotografías de su número. Seremos los cuatro. ¿No le ha dicho nada Dolly? ¡Dolly! Deje a su Lon un momento. Aquí están los dos Stowell. Y la ventana es fresca.

—¡Cómo lo olvidé! —nos dijo Phillips viniendo a sentarse con nosotros—. Estaba segura de habérselo dicho... Tendré mucho gusto, señor Grant. Tom: ¿usted dice que está más fresco aquí? Bajemos, por lo menos, al jardín.

Bajamos al jardín. Stowell tuvo el buen gusto de buscarme la boca, y no hallé el menor inconveniente en recordar toda la serie de meditaciones que había hecho en Buenos Aires sobre este extraordinario arte nuevo, en un pasado remoto, cuando Dorothy Phillips, con la sombra del sombrero hasta los labios, no me estaba mirando —¡hace miles de años!

Lo cierto es que aunque no hablé mucho, pues soy más bien parco de palabras, me observaban con atención.

—¡Hum!... —me dije—. Torna a reproducirse el asombro ante el hijo pródigo del Sur.

—¿Usted es argentino? —rompió Stowell al cabo de un momento.

—Sí.

—Su nombre es inglés.

—Mi abuelo lo era. No creo tener ya nada de inglés.

—¡Ni el acento!

—Desde luego. He aprendido el idioma solo, y lo practico poco.

La Phillips me miraba.

—Es que le queda muy bien ese acento. Conozco muchos mejicanos que hablan nuestra lengua, y no parece... No es lo mismo.

—¿Usted es escritor? —tornó Stowell.

—No —repuse.

—Es lástima, porque sus observaciones tendrían mucho valor para nosotros, viniendo de tan lejos y de otra raza.

—Es lo que pensaba —apoyó la Phillips—. La literatura de ustedes se vería muy reanimada con un poco de parsimonia en la expresión.

—Y en las ideas —dijo Burns—. Esto no hay allá. Dolly es muy fuerte en este sector.

—¿Y usted escribe? —me volví a ella.

—No; leo cuantas veces tengo tiempo... Conozco bastante, para ser mujer, lo que se escribe en Sudamérica. Mi abuela era de Texas. Leo el español, pero no puedo hablarlo.

—¿Y le gusta?

—¿Qué?

—La literatura latina de América.

Se sonrió.

—¿Sinceramente? No.

—¿Y la de la Argentina?

—¿En particular? No sé... Es tan parecido todo... ¡tan mejicano!

—¡Bien, Dolly! —reforzó Burns—. En el Arizona, que es México, desde los mestizos hasta su mismo infierno, hay crótalos. Pero en el resto hay sinsontes, y pálidas desposadas, y declaración en todo. Y el resto, ¡falso! Nunca vi cosa que sea distinta en la América de ustedes. ¡Salud, Grant!

—No hay de qué. Nosotros decimos, en cambio, que aquí no hay sino máquinas.

—¡Y estrellas de cinematógrafo! —se levantó Burns, poniéndome la mano en el hombro, mientras Stowell recordaba una cita y retiraba a su vez la silla.

—Vamos, Tom; se nos va a ir el tren. Hasta mañana, Dolly. Buenas noches, Grant.

Y quedamos solos. Recuerdo muy bien haber dicho que de ella deseaba reservarlo todo para el matrimonio, desde su perfume habitual hasta el escote de sus zapatos. Pero ahora, enfrente de mí, inconmensurablemente divina por la evocación que había volcado la urna repleta de mis recuerdos, yo estaba inmóvil, devorándola con los ojos.

Pasó un instante de completo silencio.

—Hermosa noche —dijo ella.

Yo no contesté. Entonces se volvió a mí.

—¿Qué mira? —me preguntó.

La pregunta era lógica; pero su mirada no tenía la naturalidad exigible.

—La miro a usted —respondí.
—Dese el gusto.
—Me lo doy.
Nueva pausa, que tampoco resistió ella esta vez.
—¿Son tan divertidos como usted en la Argentina?
—Algunos. —Y agregué—: Es que lo que le he dicho stá a una legua de lo que cree.
—¿Qué creo?
—Que he comenzado con esa frase una conquista de uramericano.
Ella me miró un instante sin pestañear.
—No —me respondió sencillamente—. Tal vez lo creí n momento, pero reflexioné.
—¿Y no le parezco un piratilla de rica familia, no es ierto?
—Dejemos, Grant, ¿le parece? —se levantó.
—Con mucho gusto, señora. Pero me dolería muchíimo más de lo que usted cree que me desconociera asta este punto.
—No lo conozco aún; usted mejor que yo debe de omprenderlo. Pero no es nada. Mañana hablaremos con ıás calma. A la una, no se olvide.
He pasado mala noche. Mi estado de ánimo será muy omprensible para los muchachos de veinte años a la ıañana siguiente de un baile, cuando sientan los nerios lánguidos y la impresión deliciosa de algo muy :jano —y que ha pasado hace apenas siete horas.
Duerme, corazón.

Diez nuevos días transcurridos sin adelantar gran cosa. yer he ido, como siempre, a reunirme con ellos a la lida del taller.
—Vamos, Grant —me dijo Stowell—. Lon quiere conırle eso de la víbora de cascabel.
—Hace mucho calor en el bar —observé.
—¿No es cierto? —se volvió la Phillips—. Yo voy a ımar un poco de aire. ¿Me acompaña, Grant?

—Con mucho gusto. Stowell: a Chaney, que esta noche lo veré. Allá, en mi tierra, hay, pero son de otra especie. A sus órdenes, *miss* Phillips.

Ella se rió.

—¡Todavía no!

—Perdón.

Y salimos a buena velocidad, mientras el crepúsculo comenzaba a caer. Durante un buen rato ella miró adelante, hasta que se volvió francamente a mí.

—Y bien: dígame ahora, pero la verdad, por qué me miraba con tanta atención aquella noche... y otras veces.

Yo estaba también dispuesto a ser franco. Mi propia voz me resultó a mí grave.

—Yo la miro con atención —le dije— porque durante dos años he pensado en usted cuanto puede un hombre pensar en una mujer; no hay otro motivo.

—¿Otra vez?...

—No; ¡ya sabe que no!

—¿Y qué piensa?

—Que usted es la mujer con más corazón y más inteligencia que haya interpretado personaje alguno.

—¿Siempre le pareció eso?

—Siempre. Desde *Lola Morgan*.

—No es ése mi primer *film*.

—Lo sé; pero antes no era usted dueña de sí.

Me callé un instante.

—Usted tiene —proseguí—, por encima de todo, un profundo sentimiento de compasión. No hay para qué recordar; pero en los momentos de sus *films*, en que la persona a quien usted ama cree serle indiferente por no merecerla, y usted lo mira sin que él lo advierta, la mirada suya en esos momentos y ese lento cabeceo suyo y el mohín de sus labios hinchados de ternura, todo esto no es posible que surja sino de una estimación muy honda por el hombre viril, y de un corazón que sabe hondamente lo que es amar. Nada más.

—Gracias, pero se equivoca.

—No.

—¡Está muy seguro!

—Sí. Nadie, créame, la conoce a usted como yo. Tal vez conocer no es la palabra; valorar, esto quiero decir.

—¿Me valora muy alto?

—Sí.

—¿Como artista?

—Y como mujer. En usted son una misma cosa.

—No todos piensan como usted.

—Es posible.

Y me callé. El auto se detuvo.

—¿Bajamos un instante? —dijo—. Es tan distinto este aire al del centro...

Caminamos un momento, hasta que se dejó caer en un banco de la alameda.

—Estoy cansada; ¿usted no?

Yo no estaba cansado, pero tenía los nervios tirantes. Exactamente como en un *film* estaba el automóvil detenido en la calzada. Era ese mismo banco de piedra que yo conocía bien, donde ella, Dorothy Phillips, estaba esperando. Y Stowell... Pero no; era yo mismo quien me acercaba, no Stowell; yo, con el alma temblándome en los labios por caer a sus pies.

Quedé inmóvil frente a ella, que soñaba:

—¿Por qué me dice esas cosas...?

—Se las hubiera dicho mucho antes. No la conocía.

—Queda muy raro lo que dice, con su acento...

—Puedo callarme —corté.

Ella alzó entonces los ojos desde el banco, y sonrió vagamente, pero un largo instante.

—¿Qué edad tiene? —murmuró al fin.

—Treinta y un años.

—¿Y después de todo lo que me ha dicho, y que yo he escuchado, me ofrece callarse porque le digo que le queda muy bien su acento?

—¡Dolly!

Pero ella se levantaba con brusco despertar.

—¡Volvamos!... La culpa la tengo yo, prestándome a esto... Usted es un muchacho loco, y nada más.

En un momento estuve delante de ella, cerrándole el paso.

—¡Dolly! ¡Míreme! Usted tiene ahora la obligación d mirarme. Oiga esto, solamente: desde lo más hond de mi alma le juro que una sola palabra de cariño suy redimiría todas las canalladas que haya yo podido co meter con las mujeres. Y que si hay para mí una cos respetable, ¿oye bien?, ¡es usted misma! Aquí tien —concluí marchando adelante—. Piense ahora lo qu quiera de mí.

Pero a los veinte pasos ella me detenía a su vez.

—Oigame usted ahora a mí. Usted me conoce hac apenas quince días.

Y yo bruscamente.

—Hace dos años; no son un día.

—Pero, ¿qué valor quiere usted que dé a un... a un predilección como la suya por mis condiciones de in terpretación? Usted mismo lo ha dicho. ¡Y a mil leguas

—O a dos mil; ¡es lo mismo! Pero el solo hecho d haber conocido a mil leguas todo lo que usted vale.. Y ahora no estoy en Buenos Aires —concluí.

—¿A qué vino?

—A verla.

—¿Exclusivamente?

—Exclusivamente.

—¿Está contento?

—Sí.

Pero mi voz era bastante sorda.

—¿Aun después de lo que le he dicho?

No contesté.

—¿No me responde? —insistió—. Usted, que es ta amigo de jurar, ¿puede jurarme que está contento?

Entonces, de una ojeada, abarqué el paisaje crepuscu lar, cuyo costado ocupaba el automóvil esperándonos.

—Estamos haciendo un *film* —le dije—. Continué moslo.

Y poniéndole la mano derecha en el hombro:

—Míreme bien en los ojos... así. Dígame ahora. ¿Cre usted que tengo cara de odiarla cuando la miro?

Ella me miró, me miró...

—Vamos —se arrancó pestañeando.

Pero yo había sentido, a mi vez, al tener sus ojos en los míos, lo que nadie es capaz de sentir sin romperse los dedos de impotente felicidad.

—Cuando usted vuelva —dijo por fin en el auto— va a tener otra idea de mí.

—Nunca.

—Ya verá. Usted no debía haber venido...

—¿Por usted o por mí?

—Por los dos... ¡A casa, Harry!

Y a mí:

—¿Quiere que lo deje en alguna parte?

—No; la acompaño hasta su casa.

Pero antes de bajar me dijo con voz clara y grave:

—Grant: respóndame con toda franqueza... ¿Usted tiene fortuna?

En el espacio de un décimo de segundo reviví desde el principio toda esta historia, y vi la sima abierta por mí mismo, en la que me precipitaba.

—Sí —respondí.

—¿Muy grande? ¿Comprende por qué se lo pregunto?

—Sí —reafirmé.

Sus inmensos ojos se iluminaron, y me tendió la mano.

—¡Hasta pronto, entonces! *¡Ciao!*

Caminé los primeros pasos con los ojos cerrados. Otra voz y otro *¡Ciao!,* que era ahora una bofetada, me llegaban desde el fondo de quince días lejanísimos, cuando al verla y soñar en su conquista me olvidé un instante de que yo no era sino un vulgar pillete.

Nada más que esto; he aquí a lo que he llegado, y lo que busqué con todas mis psicologías. ¿No descubrí allá abajo que las estrellas son difíciles de obtener *porque sí,* y que se requiere una gran fortuna para adquirirlas? Allí estaba, pues, la confirmación. ¿No levanté un edificio cínico para comprar una sola mirada de amor de Dorothy Phillips? No podía quejarme.

¿De qué, pues, me quejo?

Surgen nítidas las palabras de mi amigo: «De negocios los sudamericanos no entienden ni el abecé.»

¡Ni de faldas, señor Burns! Porque si me faltó dignidad para desvestirme ante ella de pavo real, siento que me sobra vergüenza para continuar recibiendo por más tiempo una sonrisa que está aspirando sobre mi cara trigueña la inmensa pampa alfalfada. Conté con muchas cosas; pero con lo que no conté nunca es con este rubor tardío que me impide robar —aun tratándose de faldas— un beso, un roce de vestido, una simple mirada que no conquisté pobre.

He aquí a lo que he llegado.

Duerme, corazón, ¡para siempre!

Imposible. Cada día la quiero más, y ella... Precisamente por esto debo concluir. Si fuera ella a esta regia aventura matrimonial con indiferencia hacia mí, acaso hallara fuerzas para llegar al fin. Negocio contra negocio. Pero cuando muy cerca a su lado encuentro su mirada, y el tiempo se detiene sobre nosotros, soñando él a su vez, entonces mi amor a ella me oprime la mano como a un viejo criminal y vuelvo en mí.

¡Amor mío! Una vez canté *¡Ciao!* porque tenía todos los triunfos en mi juego. Los rindo ahora, mano sobre mano, ante una última trampa más fuerte que yo: sacrificarte.

Llevo la vida de siempre, en constante sociedad con Dorothy Phillips, Burns, Stowell, Chaney —del cual he obtenido todos los informes apetecidos sobre las víboras de cascabel y su manera de morder.

Aunque el calor aumenta, no hay modo de evitar el bar a la salida del taller. Cierto es que el hielo lo congela aquí todo, desde el chicle a los ananás.

Rara vez como solo. De noche, con la Phillips. Y de mañana, con Burns y Stowell, por lo menos. Sé por mi amigo que el divorcio de la Phillips es cosa definitiva —*miss,* por lo tanto.

—Como usted lo meditó antes de adivinarlo —me ha dicho Burns—. ¿Matrimonio, Grant? No es malo. Dolly vale lo que usted, y otro tanto.

—¿Pero ella me quiere realmente? —he dejado caer.

—Grant: usted haría un buen *film*; pero no poniéndome a mí de director de escena. Cásese con su *estrella* y gaste dos millones en una empresa. Yo se la administro. Hasta aquí Burns. ¿Qué le parece *La gran pasión*?

—Muy buena. El autor no es tonto. Salvo un poco de amaneramiento de Stowell, ese tipo de carácter le sale. Dolly tiene pasajes como hace tiempo no hallaba.

—Perfecto. No llegue tarde a la comida.

—¿Hoy? Creía que era el lunes.

—No. El lunes es el banquete oficial, con damas de mundo, y demás. La consagración. A propósito: ¿Usted tiene la cabeza fuerte?

—Ya se lo probé la primera noche.

—No basta. Hoy habrá concierto de rom al final.

—Pierda cuidado.

Magnífico. Para mi situación actual, una orquesta es lo que me conviene.

Concluido todo. Sólo me resta hacer los preparativos y abandonar Los Angeles. ¿Qué dejo, en suma? Un mal negocillo imaginativo, frustrado. Y más abajo, hecho trizas, mi corazón.

El incidente de anoche pudo haberme costado, según Burns, a quien acabo de dejar en la estación, rojo de calor.

—¿Qué mosquitos tienen ustedes allá? —me ha dicho—. No haga tonterías, Grant. Cuando uno no es dueño de sí, se queda en Buenos Aires. ¿Lo ha visto ya? Bueno, hasta luego.

Se refiere a lo siguiente:

Anoche, después del banquete, cuando quedamos solos los hombres, hubo concierto general, en mangas de camisa. Yo no sé hasta dónde puede llegar la bonachona tolerancia de esta gente para el alcohol. Cierto es que son de origen inglés.

Pero yo soy suramericano. El alcohol es conmigo menos benevolente —y no tengo además motivo alguno de felicidad. El rom interminable me ponía constantemente por delante a Stowell, con su pelo movedizo y su alta nariz de cerco. Es en el fondo un buen muchacho con suerte, nada más. ¿Y por qué me mira? ¿Cree que le voy a envidiar algo, sus bufonadas amorosas con cualquier cómica, para compadecerme así? ¡Infeliz!

—¡A su salud, Stowell! —brindé—. ¡Al gran Stowell!

—¡A la salud de Grant!

—Y a la de todos ustedes... ¡Pobres diablos!

El ruido cesó bruscamente; todas las miradas estaban sobre mí.

—¿Qué pasa, Grant? —articuló Burns.

—Nada, queridos amigos... sino que brindo por ustedes.

Y me puse de pie.

—Brindo a la salud de ustedes, porque son los grandes *ases* del cinematógrafo: empresa Universal, grupo Blue Bird, Lon Chaney, William S. Stowell y... ¡todos! Intérpretes del impulso, ¿eh, Chaney? Y del amor... ¡todos! ¡Y del amor, nosotros, William S. Stowell! Intérpretes y negociantes del arte, ¿no es esto? ¡Brindo por la gran fortuna del arte, amigos únicos! ¡Y por la de alguno de nosotros! ¡Y por el amor artístico a esa fortuna, William S. Stowell, compañero!

Vi las caras contraídas de disgusto. Un resto de lucidez me permitió apreciar hasta el fondo las heces de mi actitud, y el mismo resto de dominio de mí me contuvo. Me retiré, saludando ampliamente.

—¡Buenas noches, señores! Y si alguno de los presentes, o Stowell o quienquiera que sea, quiere seguir hablando mañana conmigo, estoy a sus órdenes. *¡Ciao!*

Se comprende bien que lo primero que he hecho esta mañana al levantarme ha sido ir a buscar a Stowell.

—Perdóneme —le he dicho—. Ustedes son aquí de tra pasta. Allá, el alcohol nos pone agresivos e idiotas.

—Hay algo de esto —me ha apretado la mano sonriendo—. Vamos al bar; allá encontraremos la soda y l hielo necesarios.

Pero en el camino me ha observado:

—Lo que me extraña un poco en usted es que no reo tenga motivos para estar disgustado de nadie. ¿No s cierto? —Me ha mirado con intención.

—Más o menos —he cortado.

—Bien.

La soda y el hielo son pobres recursos, cuando lo ue se busca es sólo un poco de satisfacción de sí mismo.

«Concluyó todo» —anoté este mediodía—. Sí, conluyó.

A las siete, cuando comenzaba a poner orden en la alija, el teléfono me llamó.

—¿Grant?

—Sí.

—Dolly. ¿No va a venir, Grant? Estoy un poco triste.

—Yo más. Voy en seguida.

Y fui, con el estado de ánimo de Régulo cuando volía a Cartago a sacrificar su vida por insignificancias le honor.

¡Dolly! ¡Dorothy Phillips! ¡Ni la ilusión de haberte ustado un día me queda!

Estaba en traje de calle.

—Sí; hace un momento pensaba salir. Pero le teleoneé. ¿No tenía nada que hacer?

—Nada.

—¿Ni aun deseos de verme?

Pero al mirarme de cerca me puso lentamente los ledos en el brazo.

—¡Grant! ¿Qué tiene usted hoy?

Vi sus ojos angustiados por mi dolor huraño.

—¿Qué es eso, Grant?

Y su mano izquierda me tomó del otro brazo. Entonces fijé mis ojos en los de ella y la miré larga y claramente.

—¡Dolly! —le dije—. ¿Qué idea tiene usted de mí?

—¿Qué?

—¿Qué idea tiene usted de mí? No, no responda... ya sé; que soy esto y aquello... ¡Dolly! Se lo quería decir, y desde hace mucho tiempo... Desde hace mucho tiempo no soy más que un simple miserable. ¡Y si siquiera fuese esto!... Usted no sabe nada. ¿Sabe lo que soy? Un pillete, nada más. Un ladronzuelo vulgar, menos que esto... Esto es lo que soy. ¡Dolly! ¿Usted cree que tengo fortuna, no es cierto?

Sus manos cayeron; como estaba cayendo su última ilusión de amor por *un hombre*; como había caído yo...

—¡Respóndame! ¿Usted lo creía?

—Usted mismo me lo dijo —murmuró.

—¡Exactamente! Yo mismo se lo dije, y lo dejé decir a todo el mundo. Que tenía una gran fortuna, millones... Esto le dije. ¿Se da bien cuenta ahora de lo que soy? ¡No tengo nada, ni un millón, ni nada! Menos que un miserable, ya se lo dije; ¡un pillete vulgar! Esto soy, Dolly.

Y me callé. Pudo haberse oído durante un rato el vuelo de una mosca. Y mucho más la lenta voz, si no lejana, terriblemente distante de mí:

—¿Por qué me engañó, Grant...?

—¿Engañar? —salté entonces volviéndome bruscamente a ella—. ¡Ah, no! ¡No la he engañado! Esto no... Por lo menos... ¡No, no la engañé, porque acabo de hacer lo que no sé si todos harían! Es lo único que me levanta aún ante mí mismo. ¡No, no! Engaño antes, puede ser; pero en lo demás... ¿Usted se acuerda de lo que le dije la primera tarde? Quince días, decía usted. ¡Eran dos años! ¡Y aun sin conocerla! Nadie en el mundo la ha valorado ni ha visto lo que era usted como mujer, como yo. ¡Ni nadie la querrá jamás todo cuanto la quiero! ¿Me oye? ¡Nadie, nadie!

Caminé tres pasos; pero me senté en un taburete y apoyé los codos en las rodillas —postura cómoda cuando el firmamento se desploma sobre nosotros.

—Ahora ya está... —murmuré—. Me voy mañana... Por eso se lo he dicho...

Y más lento:

—Yo le hablé una vez de sus ojos cuando la persona a quien usted amaba no se daba cuenta...

Y callé otra vez, porque en la situación mía aquella evocación radiante era demasiado cruel. Y en aquel nuevo silencio de amargura desesperada —y final— oí, pero como en sueños, su voz.

—¡Zonzote!

¿Pero era posible? Levanté la cabeza y la vi a mi lado, ¡a ella! ¡Y vi sus ojos inmensos, húmedos de entregado amor! ¡Y el mohín de sus labios, hinchados de ternura consoladora, como la soñaba en ese instante! ¡Como siempre la vi conmigo!

—¡Dolly! —salté.

Y ella, entre mis brazos:

—¡Zonzo!... ¡Crees que no lo sabía!

—¿Qué?... ¿Sabías que era pobre?

—¡Y sí!

—¡Mi vida! ¡Mi estrella! ¡Mi Dolly!

—Mi suramericano...

—¡Ah, mujer siempre!... ¿Por qué me torturaste así?

—Quería saber bien... Ahora soy toda tuya.

—¡Toda, toda! No sabes lo que he sufrido... ¡Soy un canalla, Dolly!

—Canalla mío...

—¿Y tú?

—Tuya.

—¡Farsante, eso eres! ¿Cómo pudiste tenerme en ese taburete media hora, si sabías ya? Y con ese aire: «¿Por qué me engañó, Grant?...»

—¿No te encantaba yo como intérprete?

—¡Mi amor adorado! ¡Todo me encanta! Hasta el *film* que hemos hecho. ¡Contigo, por fin, Dorothy Phillips!

—¿Verdad que es un *film*?

—Ya lo creo. Y tú ¿qué eres?

—Tu estrella.

—¿Y yo?

—Mi sol.

—¡Pst! Soy hombre. ¿Qué soy?

Y con su arrullo:

—Mi suramericano...

He volado en el auto a buscar a Burns.

—Me caso con ella —le he dicho—. Burns: usted es el más grande hombre de este país, incluso el Arizona. Otra buena noticia; no tengo un centavo.

—Ni uno. Esto lo sabe todo Los Angeles.

He quedado aturdido.

—No se aflija —me ha respondido—. ¿Usted cree que no ha habido antes que usted mozalbetes con mejor fortuna que la suya alrededor de Dolly? Cuando pretenda otra vez ser millonario —para divorciarse de Dolly, por ejemplo—, suprima las informaciones telegráficas. Mal negociante, Grant.

Pero una sola cosa me ha inquietado.

—¿Por qué dice que me voy a divorciar de Dolly?

—¿Usted? Jamás. Ella vale dos o tres Grant, y usted tiene más suerte ante los ojos de ella de la que se merece. Aproveche.

—¡Deme un abrazo, Burns!

—Gracias. ¿Y usted qué hace ahora, sin un centavo? Dolly no le va a copiar sus informes del ministerio.

Me he quedado mirándolo.

—Si usted fuera otro, le aconsejaría que se contratara con Stowell y Chaney. Con menos carácter y menos ojos que los suyos, otros han ido lejos. Pero usted no sirve.

—¿Entonces?

—Ponga en orden el *film* que ha hecho con Dolly; tal cual, reforzando la escena del *bar*. El final ya lo tienen pronto. Le daré la sugestión de otras escenas, y propóngaselo a la Blue Bird. ¿El pago? No sé; pero le alcanzará para un paseo por Buenos Aires con Dolly, siempre que jure devolvérnosla para la próxima temporada. O'Mara lo mataría.

—¿Quién?

—El director. Ahora déjeme bañar. ¿Cuándo se casa?

—En seguida.

—Bien hecho. Hasta luego.

Y mientras yo salía apurado:

—¿Vuelve otra vez con ella? Dígale que me guarde el número de su ilustración. Es un buen documento.

....

Pero esto es un sueño. Punto por punto, como acabo de contarlo, lo he soñado... No me queda sino para el resto de mis días su profunda emoción, y el pobre paliativo de remitir a Dolly el relato —como lo haré en seguida—, con esta dedicatoria:

«A la señora Dorothy Phillips, rogándole perdone las impertinencias de este sueño, muy dulce para el autor.»

Indice

Libro de Bolsillo **Alianza Editorial** **Madrid**

Ultimos títulos publicados

624 Julio Cortázar:
Los relatos
2. Juegos

625 Tom Bottomore:
La sociología marxista

626 Georges Sorel:
Reflexiones sobre la violencia
Prólogo de Isaiah Berlin

627 K. C. Chang:
Nuevas perspectivas en Arqueología

628 Jorge Luis Borges:
Evaristo Carriego

629 Los anarquistas
2. La práctica
Selección de I. L. Horowitz

630 Fred Hoyle:
De Stonehenge a la cosmología contemporánea. Nicolás Copérnico

631 Julio Cortázar:
Los relatos
3. Pasajes

632 Francisco Guerra
Las medicinas marginales

633 Isaak Bábel:
Debes saberlo todo
Relatos 1915-1937

634 Herrlee G. Creel:
El pensamiento chino desde Confucio hasta Mao-Tse-tung

35 Dino Buzzati:
El desierto de los tártaros

36 Raymond Aron:
La República Imperial. Los Estados Unidos en el mundo (1945-1972)

37 Blas de Otero:
Poesía con nombres

38 Anthony Giddens:
Política y sociología en Max Weber

39 Jules Verne:
La vuelta al mundo en ochenta días

40 Adolfo Bioy Casares:
El sueño de los héroes

41 Miguel de Unamuno:
Antología poética
Selección e introducción de José María Valverde

42 Charles Dickens:
Papeles póstumos del Club Pickwick, 1

43 Charles Dickens:
Papeles póstumos del Club Pickwick, 2

44 Charles Dickens:
Papeles póstumos del Club Pickwick, 3

45 Adrian Berry:
Los próximos 10.000 años:
el futuro del hombre en el universo

46 Rubén Darío:
Cuentos fantásticos

47 Vicente Aleixandre:
Antología poética
Estudio previo, selección y notas de Leopoldo de Luis

**648 Karen Horney:
Psicología femenina

**649, **650 Juan Benet:
Cuentos completos

**651 Ronald Grimsley:
La filosofía de Rousseau

652 Oscar Wilde:
El fantasma de Canterville y otros cuentos

**653 Isaac Asimov:
El electrón es zurdo y otros ensayos científicos

*654 Hermann Hesse:
Obstinación
Escritos autobiográficos

*655 Miguel Hernández:
Poemas sociales, de guerra y de muerte

*656 Henri Bergson:
Memoria y vida

***657 H. J. Eysenck:
Psicología: hechos y palabrería

658 Leszek Kolakowski:
Husserl y la búsqueda de certeza

**659 Dashiell Hammett:
El agente de la Continental

**660, **661 David Shub:
Lenin

*662 Jorge Luis Borges:
El libro de arena

*663 Isaac Asimov:
Cien preguntas básicas sobre la ciencia

**664, **665 Rudyard Kipling:
El libro de las tierras vírgenes

*666 Rubén Darío:
Poesía

*667 John Holt:
El fracaso de la escuela

**668, **669 Charles Darwin:
Autobiografía

*670 Gabriel Celaya:
Poesía

671 C. P. Snow:
Las dos culturas y un segundo enfoque

***672 Enrique Ruiz García:
La era de Carter

**673 Jack London:
El Silencio Blanco y otros cuentos

*674 Isaac Asimov:
Los lagartos terribles

***675 Jesús Fernández Santos
Cuentos completos

***676 Friedrick A. Hayek:
Camino de servidumbre

***677, **678 Hermann Hesse:
Cuentos

***679, ***680 Mijail Bakunin:
Escritos de filosofía política

**681 Frank Donovan:
Historia de la brujería

**682 J. A. C. Brown:
Técnicas de persuasión

****683 Hermann Hesse:
El juego de los abalorios

*684 Paulino Garagorri:
Libertad y desigualdad

**685, **686 Stendhal:
La Cartuja de Parma

*687 Arthur C. Clarke:
Cuentos de la *Taberna del Ciervo Blanco.*

**688 Mary Barnes, Joseph Berke, Morton Schatzman, Peter Sedwick y otros:
Laing y la antipsiquiatría
Compilación de R. Boyers y R. Orrill

**689 J.-D. Salinger:
El guardián entre el centeno

*690 Emilio Prados:
Antología poética
Estudio poético, selección y notas de José Sanchis-Banús

****691 Robert Graves:
Yo, Claudio

****692 Robert Graves:
Claudio, el dios, y su esposa Mesalina

***693, ***694 Helen Singer Kaplan:
La nueva terapia sexual

**695, **696 Hermann Hesse:
Cuentos

*697 Manuel Valls Gorina:
Para entender la música

**698 James Joyce:
Retrato del artista adolescente

***699 Maya Pines:
Los manipuladores del cerebro

700 Mario Vargas Llosa:
Los jefes. Los cachorros

**701 Adolfo Sánchez Vázquez:
Ciencia y revolución.
El marxismo de Althusser

**702 Dashiell Hammett:
La maldición de los Dain

**703 Carlos Castilla del Pino:
Vieja y nueva psiquiatría

***704 Carmen Martín Gaite:
Cuentos completos

***705 Robert Ardrey:
La evolución del hombre: la hipótesis del cazador

706 R. L. Stevenson:
El Dr. Jekyll y Mr. Hyde

**707 Jean-Jacques Rousseau:
Las ensoñaciones del paseante solitario

708 Antón Chéjov:
El pabellón n.º 6

***709 Erik H. Erikson:
Historia personal y circunstanci
histórica

*710 James M. Cain:
El cartero siempre llama dos ve

**711 H. J. Eysenck:
Usos y abusos de la pornogra

*712 Dámaso Alonso:
Antología poética

*713 Werner Sombart:
Lujo y capitalismo

****714 Juan García Hortelano:
Cuentos completos

***715, ***716 Kenneth Clark:
Civilización

***717 Isaac Asimov:
La tragedia de la luna

****718 Herman Hesse:
Pequeñas alegrías

*719 Werner Heisenberg:
Encuentros y conversaciones con Einstein y otros ensayos

**720 Guy de Maupassant:
Mademoiselle Fifi y otros cuen
de guerra

*721 H. P. Lovecraft:
El caso de Charles Dexter War

**722, **723 Jules Verne:
Veinte mil leguas de viaje subm

****724 Rosalía de Castro:
Poesía

*725 Miguel de Unamuno:
Paisajes del alma

726 El Cantar de Roldán
Versión de Benjamín Jarnés

727 Hermann Hesse:
Lecturas para minutos, 2

**728 H. J. Eysenck:
La rata o el diván

729 Friedrich Hölderlin:
El archipiélago

**730 Pierre Fedida:
Diccionario de psicoanálisis

*731 Guy de Maupassant:
El Horla y otros cuentos fantás

*732 Manuel Machado:
Poesías

*733 Jack London:
Relatos de los Mares del Sur

****734 Henri Lepage:
Mañana, el capitalismo

**735 R. L. Stevenson:
El diablo de la botella y otros cuentos

*736 René Descartes:
Discurso del método

*737 Mariano José de Larra:
Antología fugaz

**738 Jorge Luis Borges:
Literaturas germánicas mediev

739 Gustavo Adolfo Bécquer:
Rimas y otros poemas

*740 Julián Marías:
Biografía de la filosofía

*741 Guy de Maupassant:
La vendetta y otros cuentos
de horror

742 Luis de Góngora:
Romances

743 George Gamow:
Biografía de la física

744 Gerardo Diego:
Poemas mayores

745 Gustavo Adolfo Bécquer:
Leyendas

746 John Lenihan:
Ingeniería humana

747 Stendhal:
Crónicas italianas

748 Suami Vishnu Devananda:
Meditación y mantras

749 , **** 750 Alexandre Dumas:
Los tres mosqueteros

751 Vicente Verdú:
El fútbol: mitos, ritos y símbolos

752 D. H. Lawrence:
El amante de Lady Chatterley

753 La vida de Lazarillo de Tormes
y de sus fortunas y adversidades

754 Julián Marías:
La mujer en el siglo XX

755 Marvin Harris:
Vacas, cerdos, guerras y brujas

756 José Bergamín:
Poesías casi completas

757 D. H. Lawrence:
Mujeres enamoradas

'58 José Ortega y Gasset:
El Espectador (Antología)

59 Rafael Alberti:
Antología poética

'60 José Luis L. Aranguren:
Catolicismo y protestantismo
como formas de existencia

61 , ***762 Víctor Hugo:
Nuestra Señora de París

63 Jean-Jacques Rousseau:
Contrato social - Discursos

64 Gerardo Diego:
Poemas menores

65 John Ziman:
La fuerza del conocimiento

66 Víctor León:
Diccionario de argot español
y lenguaje popular

67 William Shakespeare:
El rey Lear

68 Isaac Asimov:
Historia Universal Asimov
El Cercano Oriente

69 François Villon:
Poesía

70 Jack London:
Asesinatos, S. L.

**771 Antonio Tovar:
Mitología e ideología sobre
la lengua vasca

**772 H. P. Lovecraft:
El horror de Dunwich

***773 Stendhal:
Armancia

*774 Blas de Otero:
Historias fingidas y verdaderas

*775 E. M. Cioran:
Adiós a la filosofía y otros textos

**776 Garcilaso de la Vega:
Poesías completas

*777 Fyodor M. Dostoyevski:
El jugador

****778 Martin Gardner:
Carnaval matemático

****779 Rudolf Bahro:
La alternativa

**780 R. L. Stevenson:
La Isla del Tesoro

**781 Guy de Maupassant:
Mi tío Jules y otros seres
marginales

*782 Carlos García Gual:
Antología de la poesía lírica griega
(Siglos VII-IV a.C.)

***783 Xavier Zubiri:
Cinco lecciones de filosofía

****784 Isaac Asimov:
Historia Universal Asimov
La tierra de Canaán

***785 Ramón Tamames:
Introducción a la Constitución
española

**786 H. P. Lovecraft:
En la cripta

**787 David Hume:
Investigación sobre
el conocimiento humano

****788, **789 Alexis de Tocqueville:
La democracia en América

*790 Rafael Alberti:
Prosas

****791, ****792 C. Falcón Martínez,
E. Fernández-Galiano,
R. López Melero:
Diccionario de la mitología clásica

**793 Rudolf Otto:
Lo santo

***794 Isaac Asimov:
Historia Universal Asimov
Los egipcios

*795 William Shakespeare:
Macbeth

796 Rainer Maria Rilke:
Cartas a un joven poeta

797 Séneca:
Sobre la felicidad

***798 José Hernández:
Martín Fierro